# DONA
# VITÓRIA
# JOANA
# DA PAZ

# DONA VITÓRIA JOANA DA PAZ

**FÁBIO GUSMÃO**

A heroína por trás da câmera que mudou a história de um bairro e marcou o país

Planeta

Copyright © Fábio Gusmão, 2024
Copyright © Editora Planeta do Brasil, 2024
Todos os direitos reservados.

*Preparação:* Fernanda Guerriero Antunes
*Revisão:* Ana Maria Fiorini e Carmen Costa
*Projeto gráfico e diagramação:* Futura
*Capa:* Estúdio Daó (Giovani Castelucci e Guilherme Vieira)
*Imagens de capa e miolo:* Fábio Gusmão / Agência O Globo
*Caderno de fotos:* imagens captadas a partir das gravações de Dona Vitória, gentilmente cedidas para a produção deste livro

DADOS INTERNACIONAIS DE CATALOGAÇÃO NA PUBLICAÇÃO (CIP)
ANGÉLICA ILACQUA CRB-8/7057

Gusmão, Fábio
 Dona Vitória Joana da Paz / Fábio Gusmão. – 2. ed. - São Paulo : Planeta do Brasil, 2024.
 224, [32] p.

ISBN 978-85-422-2386-6

1. Vitória, Dona, 1925 2. Reportagens investigativas - Rio de Janeiro (RJ) 3. Reportagens e repórteres - Rio de Janeiro (RJ) 4. Tráfico de drogas - Rio de Janeiro (RJ) 5. Corrupção policial - Rio de Janeiro (RJ) I. Título

24-3730   CDD 070.449363450

Índice para catálogo sistemático:
1. Vitória, Dona, 1925 - Reportagens investigativas

FSC
www.fsc.org
MISTO
Papel | Apoiando o manejo florestal responsável
FSC® C019498

Ao escolher este livro, você está apoiando o manejo responsável das florestas do mundo

2024
Todos os direitos desta edição reservados à
Editora Planeta do Brasil Ltda.
Rua Bela Cintra, 986 - 4o andar - Consolação
01415-002 - São Paulo - SP
www.planetadelivros.com.br
faleconosco@editoraplaneta.com.br

A Dona Joana (*in memoriam*), mulher forte, exemplo de coragem e determinação.

A meus pais, Gilson e Maria Helena (*in memoriam*), que, com amor, me tornaram o homem que sou.

A Cristina, mulher da minha vida. Meu amor por você se tornou ainda maior com a chegada de nossas netas Emília e Isabella, e a presença dos nossos filhos Gabriela, Rafael e Erick.

# Sumário

Prefácio à 1ª edição — *Por Marina Maggessi* ............... **11**
Prefácio — *Por Octavio Guedes* ............... **13**

## PARTE 1
1. Fazenda Barro Vermelho ............... **19**
2. O barraco das ferramentas ............... **23**
3. Arremessada ao mundo ............... **27**
4. A volta ao lar ............... **31**
5. Mais uma vez, Maceió ............... **35**
6. A casa própria ............... **39**
7. Copacabana, enfim ............... **41**
8. Primeira guerra, primeiras batalhas ............... **47**
9. Precisamos de provas ............... **55**

## PARTE 2
10. Dona Vitória, uma descoberta ............... **59**
11. Cuidados necessários ............... **63**
12. O encontro ............... **67**
13. O apartamento ............... **71**

14. O reencontro .................................................................... **77**
15. A Secretaria de Segurança entra no caso .................. **83**
16. Classificados ................................................................. **89**
17. E o futuro? .................................................................... **93**
18. O Programa de Proteção à Testemunha ..................... **95**
19. Como vender uma janela para o crime ..................... **101**
20. Quebra de acordo ........................................................ **109**
21. A incursão .................................................................... **115**
22. "Tá no escracha" ........................................................... **119**
23. O último mês ................................................................ **123**
24. A entrevista .................................................................. **125**
25. A venda do apartamento ............................................ **129**
26. Dia 23 de agosto .......................................................... **133**

## PARTE 3
27. O resultado das investigações .................................. **139**
28. A publicação ................................................................ **143**
29. Uma noite sem tiros .................................................... **145**
30. Vida nova ..................................................................... **147**
31. A difícil vida no Programa de Proteção .................... **149**
32. Viagem à Itália e a saída do programa ..................... **155**
33. Volta ao Brasil e o reencontro com o irmão ............. **159**
34. Ação de indenização: decepção com a derrota na Justiça .. **169**

## PARTE 4
35. Retomando os últimos anos ....................................... **177**
36. Rompimento, processo e absolvição ......................... **179**
37. Anos depois .................................................................. **189**
38. A morte de Vitória; o nascimento de Joana da Paz ... **191**
39. Última homenagem ..................................................... **197**

40. Ex-capitão da PM é executado .................................................. **199**
41. Danos morais ............................................................................ **201**
42. A vida vira filme ...................................................................... **203**

## ANEXOS
Alguns resultados da iniciativa de Dona Joana Zeferino da Paz ......... **211**
Carta para Dona Vitória da Paz ........................................................ **217**

# Prefácio à 1ª edição

**MARINA MAGGESSI**
Inspetora da Polícia Civil do Rio de Janeiro e deputada federal (1959-2017)

Quando vi Dona Vitória pela primeira vez, nos corredores da Coordenadoria de Inteligência da Polícia Civil, pensei se tratar de mais uma das tantas pessoas humildes e "meio esquisitas" que perambulam pelas delegacias com histórias fantásticas e denúncias estapafúrdias – as quais, na maioria das vezes, têm sempre a mesma origem: a solidão e o desamparo. Sempre as recebo com paciência e atenção, e sinto-me recompensada quando saem confiantes, sentindo-se protegidas. Sempre retornam, trazem doces caseiros, bolos, frutas e flores.

E rezam, rezam muito por mim.

Mas, quando Dona Vitória começou a falar (e como fala!), seus olhos brilhavam com intensidade. De imediato, seus gestos vigorosos e a história (filmada) que trazia me convenceram de que aquele era um caso inusitado. Só não tinha ideia do quanto. Aquela senhora exótica, vaidosa, maquiada, com trajes esportivos misturados a rendas, broches e pérolas, tinha uma firmeza na voz, acentuadamente nordestina, que me fez constatar:

— Essa história vai "vingar".

Era uma sexta-feira. Fui para casa levando algumas fitas de vídeo deixadas por ela. Confesso que achei que já conhecia o conteúdo, tantas vezes veiculado na televisão: cenas rotineiras de uma boca de fumo.

Bandidos armados, usuários subindo e descendo sem parar, todos se drogando, e muitas crianças em volta. Moradores transitando indiferentes e diversas demonstrações de poder dos traficantes.

Coloquei a primeira fita, liguei a TV e tive um choque: as imagens eram tais como eu previra e já tinha visto tantas vezes. Mas o áudio... O que era aquilo?!?!?! A narração da indignação, o desespero, o desamparo, os diagnósticos e prognósticos de Dona Vitória me estarreceram. Nunca, em quinze anos de polícia e 45 de vida, tinha visto nada igual. Um relato verdadeiro, genuíno, visceral. A que ponto chega uma pessoa "guerreira" que, a cada adversidade vencida, se depara com outra maior e não entrega os pontos?

Essa é a grande riqueza deste livro. O relato fiel do desabafo de Dona Vitória enquanto assiste ao inferno desfilar, com todos os seus integrantes, diante de sua janela.

Fábio Gusmão tem a nobreza de reproduzi-lo e, assim, nos dá a oportunidade de conhecer a fundo o pensamento de uma pessoa tão especial, numa atitude de vida tão peculiar, que vai de encontro à fase de descrédito e desesperança pela qual passa nosso país. Considero-me privilegiada por fazer parte dessa história. Por ter promovido o encontro entre Dona Vitória e Fábio Gusmão, um dos mais brilhantes jornalistas de sua geração, que, além disso, tem a seu favor o fato de ser um homem sensível, digno e confiável.

Ainda ouço alguns poucos que condenam a odisseia dos dois e dizem que Dona Vitória não ganhou nada com isso. Esquecem que a questão não é o que ela ganhou, mas o que não perdeu, como a dignidade e a honra.

Para os dois, e para todas as "Vitórias" e todos os "Fábios" anônimos, que nunca esmorecem, que não vendem suas almas e não fogem à luta: estejam certos de que esse "fogo" no peito, o sentimento de amplitude e esse quase levitar que os homens de boa vontade sentem a cada batalha vencida, essa sensação os indignos, os hipócritas, os covardes e os omissos nunca terão a graça de conhecer.

# Prefácio

**OCTAVIO GUEDES**
Escritor e jornalista

Uma das grandes injustiças da Humanidade é não ter registrado o nome e sobrenome do inventor das janelas. É graças a esta maravilha da arquitetura que o ser humano passou a habitar em protótipos de cavernas com visão panorâmica. Conseguiu morar em segurança, mas sem perder a vida lá fora.

Esta pequena introdução é para dizer que o livro em suas mãos são histórias de múltiplas janelas. Quase todas subjetivas. A única janela palpável e impessoal deste enredo é o rasgo no concreto do apartamento de Copacabana onde vivia a personagem principal, Joana Zeferino da Paz.

Desta janela, outras tantas vão se abrir e fechar ao longo dos anos. A primeira delas se escancarou para o repórter Fábio Gusmão em março de 2004. Por intermédio de uma fonte policial, ele tomou conhecimento de que uma senhora de 80 anos havia gravado, de seu apartamento, cenas da venda de drogas na Ladeira dos Tabajaras. Eram crianças servindo de "aviões" para entregar maconha e cocaína a viciados e levando dinheiro para boca de fumo; bandidos desfilando em motos com armas de guerra à mostra, bocas de fumo a céu aberto. Mais tarde, a investigação iria revelar que tudo isso só era possível graças a bandidos fardados, os policiais corruptos.

Uma cena rotineira chamava atenção: ao cruzar com os bandidos, moradores abaixavam a cabeça e desviavam o olhar para confirmar que não, não podiam ver o que se passava a seu redor. E olha que nem precisavam de janela para isso. O crime estava ali, esbarrava neles todos os dias. E que ninguém interprete essa atitude como falta de coragem ou cumplicidade. Era isto ou a vida.

A janela de Dona Joana ficava distante 150 metros de uma boca de fumo. Mas ela decidiu arriscar. Iria documentar tudo e mostrar ao mundo. Era isto ou sua vida.

Temos, até o momento, uma janela e duas visões. Para a polícia, interessava a história contada da janela para fora. Afinal, todos os dias desfilava pelas lentes da filmadora de Dona Joana boa parte do Código Penal: tráfico, corrupção de menores e de policiais. Estamos falando de trinta criminosos flagrados em ação, entre eles alguns que usavam a farda da Polícia Militar, como se descobriu posteriormente.

Ao aprofundar a investigação, Gusmão tem a sensibilidade (a genialidade, eu diria) de perceber que a história deveria ser contada de fora para dentro da janela. E aqui é necessário abrir parênteses (que nada mais são do que janelas de um texto) para revelar como Gusmão teve a sacada. Ele recebeu da fonte policial as fitas VHS gravadas por Joana e, quando as assistiu pela primeira vez, a TV da delegacia não tinha som. Era cinema mudo.

Ao chegar em casa e ouvir a narração de Dona Joana (em alguns momentos, ela xingava os bandidos), não conseguiu dormir. Naquele momento, ele teve a certeza de que a história, ao contrário do que enxergava a polícia, era da janela para dentro – e não da janela para fora. Ninguém estava errado. São apenas olhares distintos de uma mesma janela.

Gusmão não ignorava a gravidade dos crimes nem a necessidade da denúncia. Qualquer repórter de polícia se sentiria no céu com as fitas em mãos. Mas, para Gusmão, era pouco. Ele queria abrir a janela da alma de Dona Joana. Contar sua história. Por razões de segurança, a polícia dificultou o quanto pôde o encontro entre personagem e repórter, mas

Gusmão conseguiu romper o cerco. E, quando isso aconteceu, foi profético: "a vida dela merece um livro. Ou até um filme". Acertou nas duas.

Por falar em vida, a de repórter não é fácil. Entre Gusmão botar as mãos nas fitas e o jornal *Extra* publicar um caderno especial com as imagens e a história, foram quase dois anos. A demora se explica. Estamos no Brasil, onde o Rio de Janeiro sintetiza, para o bem e para o mal, o que temos de melhor e de pior. A crônica policial da cidade registra, com indesejada regularidade, assassinatos de testemunhas que resolveram colaborar com a polícia ou contaram suas histórias para a imprensa.

Qualquer erro, qualquer descuido, qualquer irresponsabilidade editorial seriam a causa da morte de uma idosa. O bem mais precioso do jornalismo não é o furo ou uma história sensacional. É a vida de todos os envolvidos numa reportagem. Sem isso não há furos, nem histórias sensacionais. Só obituário.

Foram quase dois anos de muita negociação. Gusmão explicava as condições necessárias para a publicação da reportagem. Dona Joana teria que fechar uma janela. Sua verdadeira identidade jamais seria revelada. Ela seria reconhecida apenas por uma letra. (Não sei bem o motivo, mas no jornalismo, normalmente, testemunhas são identificadas pelas letras "X" ou "Y".) Além disso, óbvio, deveria deixar o apartamento. Imagine a dificuldade de convencer Dona Joana a fechar uma janela. Ela não estava disposta.

O que parecia impossível, com o passar do tempo, virou impossível de fato. A cada dia que passava, Dona Joana ficava mais irritada com a demora na publicação de sua história. Mas a polícia ainda estava investigando os envolvidos e sua segurança era uma equação em aberto.

Em novembro de 2004, Dona Joana não quis mais saber de conversar sobre o assunto.

O ditado não é esse, mas, quando Deus fecha uma janela, outra se abre. Em março de 2005, com a evolução das investigações e a eminência das prisões dos bandidos, Gusmão conseguiu sensibilizar a Secretaria de Segurança do estado do Rio, que acenou com a possibilidade de colocá-la no Programa de Proteção à Testemunha. Justiça seja feita. Assim como o jornal, a polícia também se preocupava com a segurança da principal testemunha.

E o que parecia impossível aconteceu. Dona Joana aceitou fechar a janela, deixando para trás da cortina 80 anos de sua vida. Ou, pensando melhor... Ela aceitou abrir uma nova janela e, aos 80 anos, foi viver em novas terras, com nova identidade, e conhecer novas paisagens e novos afetos. A mesma janela, pontos de vista distintos.

Foi por um triz que Dona Joana não virou Dona "X". A poucas horas de o jornal baixar para a oficina e começar a rodar, Gusmão faz o último apelo a mim: "Vamos botar um nome digno para ela. X é muito pouco". Nascia, naquele momento, a Dona Vitória.

Naquela mesma semana da publicação, Gusmão entra preocupado na redação. Pergunto sobre a reação de Dona Vitória diante da repercussão internacional do caso, e ele responde: "Ela não é fácil. Já está querendo ser Dona Joana de novo. E olha que não tem nem uma semana no Programa de Proteção". A relação entre repórter e fonte nunca foi fácil, como Gusmão revela agora em detalhes.

Quando morreu, em fevereiro de 2023, finalmente o jornalista pôde escrever um nome que até então tinha medo de pronunciar e colocar a vida dela em risco. Realizou o último sonho dela: revelar ao mundo que Dona Vitória era Joana Zeferino da Paz. Com todas as letras.

Tratada como heroína cidadã, a grande lição de Dona Joana não foi apenas a valentia de denunciar bandidos. Foi a ousadia de enxergar o mundo ao seu modo através das janelas que a vida lhe proporcionou.

# PARTE 1

# 1. Fazenda Barro Vermelho

Marcondes foi acordado às pressas pela mulher na manhã do dia 15 de maio de 1925. Estava na hora. A parteira, amiga da família, chegou correndo ao casebre, na Fazenda Barro Vermelho, uma propriedade localizada no interior de Alagoas.

Era o sexto parto de Rosália, mas isso em nada lhe aliviava o sofrimento. Depois de horas de esforço, escutou o choro do bebê. Era uma menina.

Emocionada, escolheu o nome de uma heroína para batizar a filha. Aqui, ela será chamada pelo nome que resume sua trajetória de vida: Vitória.

Vitória era franzina e tinha poucos cabelos, mas parecia gozar de boa saúde. Depois de contar todos os dedinhos e verificar que estavam em seus devidos lugares, Rosália beijou a filha e a entregou ao marido.

Marcondes tomou a menina nos braços e levou-a até a sala improvisada no único cômodo da casa. Ali, os cinco irmãos – três meninas e dois meninos, um deles com deficiência intelectual – esperavam ansiosamente pela caçula.

Deveria ser dia de festa, mas folga ali era luxo. Mais um filho, mais um motivo para trabalhar duro nas plantações da Fazenda Barro Vermelho. Tivesse um patrão qualquer, já seria motivo para esforço.

Mas seu caso era incomum. Filho de um abastado fazendeiro, Marcondes tornara-se empregado do próprio pai.

Duro, exigente, quase despótico, seu Jerônimo pertencia a uma tradicional família de fazendeiros alagoanos. Não admitia nenhum desvio no comportamento dos filhos. E desvio, para ele, era qualquer coisa que contrariasse sua opinião.

O casamento de Marcondes com Rosália foi o ponto culminante de muitas divergências em família. Primeiro, apesar de todas as proibições, Marcondes queria ser músico. Não desgrudava do acordeão e era bom repentista. Aquilo matava o pai de desgosto, mas ainda acreditava poder botar o filho no "bom caminho".

Então, subitamente, um dia, o escândalo estourou: Marcondes tinha engravidado Rosália, sua prima. Foi o que bastou.

A primeira providência de Jerônimo foi casá-los. A segunda, logo depois da cerimônia, foi expulsá-los de sua casa. Naquela época, os pais arranjavam o casamento dos filhos, com direito a pagamento de dotes. No caso deles, aconteceu o contrário. Seu Jerônimo não admitiu tamanha afronta e deserdou o filho.

Sem dinheiro, sem ter onde morar, o casal foi viver em um casebre na propriedade da família, e Marcondes passou a trabalhar para o pai em troca do abrigo e de comida. Acordeão? Nunca mais.

Uma vida dura iniciava-se ali. Por sorte, Rosália e Marcondes se amavam; não tinha sido apenas um casamento por obrigação. De outra maneira, não teriam suportado tantas privações.

Marcondes chegava à plantação às cinco da madrugada e não saía antes das seis da tarde. Rosália cuidava da roça e da casa. Em pouco tempo, o casal já tinha três filhos dentro de casa. Comida não chegava a faltar, mas viviam no limite da subsistência.

Nem os netos amenizaram o rigor de Jerônimo, que continuava a negar ao filho as regalias que dava aos outros.

Certo dia, Marcondes decidiu voltar a tocar acordeão. Pretendia arriscar a carreira artística. Seria uma maneira de tentar ganhar algum dinheiro. Rosália apoiou o marido, mas impôs uma condição: que ele não abandonasse a lavoura. Não era apenas medo de arriscar o pouco que tinham o que a motivava. Temia, sobretudo, a reação dos sogros. Volta e meia, dona Maria das Dores lhes fazia visitas-surpresa, muito mais para controle do que por carinho.

Seria impossível esconder a retomada da música de seus pais por muito tempo, Marcondes bem o sabia. Mas nem ele nem Rosália imaginaram que seriam descobertos tão cedo. Antes de o marido sair para fazer sua primeira apresentação, Rosália avisou:

— Não chegue tarde. Sua mãe pode aparecer.

Dito e feito. Alertada por vizinhos, dona Maria soube que o filho estava tocando numa fazenda perto dali. Foi direto para o casebre.

— Cadê o Marcondes? — perguntou, irritada.

Rosália tentou de tudo para tirar a mulher dali. Impossível. Dona Maria permaneceu de plantão até as seis da manhã, quando Marcondes chegou, com o instrumento nas costas.

Era um pai de família, um homem que trabalhava duro para dar de comer aos três filhos, mas dona Maria o tratava como um moleque. Puxou o chicote e deu-lhe uma surra até vê-lo caído de joelhos.

Depois daquele dia, Marcondes nunca mais se atreveu a pegar no acordeão. O instrumento foi deixado de lado, bem como sua dignidade. Agora, só pegava na enxada e na foice, principais instrumentos utilizados no trabalho da lavoura.

Rosália, que até então só usava a máquina de costura para fazer a roupa dos filhos, passou a aceitar encomendas de vizinhas tão pobres quanto ela.

De sonhador, Marcondes tornou-se triste. A velhice ainda estava distante, mas não lhe sobrava ânimo. Na mesma época, o filho que tinha deficiência intelectual morreu. Abatido, deprimido, Marcondes adoeceu. Pegou febre amarela.

Mesmo doente, não podia abandonar as plantações. Um dia sem trabalhar era um dia sem comida na mesa. Às sextas-feiras, ainda ajudava seu Jerônimo a matar um boi. As partes nobres eram divididas entre os irmãos. Para a família de Marcondes, só sobrava o bucho do animal. Rosália pegava a carne e seguia para o riacho próximo de casa. Era lá que lavava o bucho, antes de prepará-lo para as crianças. Um dia, Marcondes levantou cedo, como em todos os outros dias, antes das cinco horas. Sentia-se cansado, mais que o costume, mas decidiu seguir para a lavoura. O calor parecia mais intenso do que nunca. Enquanto trabalhava no canavial, teve um infarto. Os outros trabalhadores o socorreram e o levaram para a casa do pai. Morreu ali, algumas horas depois, deixando para trás Rosália e cinco filhos.

Rosália não podia contar com mais ninguém, nem mesmo para ajudar nas despesas com o enterro de Marcondes. Seu Jerônimo não desembolsou um tostão para comprar a urna. Foi preciso vender sua principal ferramenta de trabalho, a máquina de costura, para poder dar um sepultamento digno ao companheiro.

## 2. O barraco das ferramentas

O interesse de Jerônimo pelo destino da família, que já era pouco, esgotara-se com a morte de Marcondes. A partir dali, que se virassem.

Nem mesmo o casebre puderam manter. Rosália e as crianças foram transferidas para uma construção precária, abafada, entulhada de ferramentas e coberta apenas por um telhado esburacado. Um barraco para guardar ferramentas, e não para ser habitado por gente. Nos dias de chuva, inundava. Era preciso botar as crianças dentro de caixotes virados para que não se molhassem.

Para piorar, Rosália não tinha mais sua máquina de costura. Teve de procurar trabalho numa fazenda vizinha e tirar Antônio, o filho mais velho, da escola. Era o único que estudava, mas agora precisava trabalhar.

Antônio era revoltado com a situação em que viviam. Mas não tinha apenas raiva, tinha fibra também. Ainda era um adolescente, mas ver a mãe e os irmãos enfurnados em um barracão destinado a guardar ferramentas, que inundava a cada chuva mais forte, lhe fazia mal. Um dia, pegou uma foice e um machado e seguiu para a mata. Cortou madeira até não poder mais. Arrumou palha. E começou a erguer uma casa. A iniciativa comoveu os vizinhos, que se uniram em mutirão. A casa ficou tão boa que cada um conseguiu ter um pequeno quarto.

Com essa mesma determinação, Antônio acabou se tornando um dos melhores vaqueiros de Alagoas. Conseguia domar cavalos chucros e enfrentava bois que metiam medo em muito peão valente. Os pagamentos pelos serviços também acompanharam a fama do rapaz. Não demorou muito e a família já tinha resgatado o conceito de dignidade. Dona Rosália conseguiu até comprar uma nova máquina de costura.

Foi nesse ambiente que Vitória cresceu. Um ambiente em que as dificuldades eram vencidas com luta. Mas a menina também queria trabalhar. Era a única com tino para os negócios. Combinou com a mãe e passou a fazer arroz-doce para vender. Dona Rosália comprava o material, e ela preparava o doce. Em seguida, colocava numa bandeja e vendia para as pessoas que passavam em frente à sua casa.

— Minhas irmãs eram loucas por uma festa, por uma farra, e sabe qual era a minha diversão? Fazer arroz-doce para vender. Enquanto elas dançavam, se divertiam, eu ganhava um trocado. Havia aqueles caipiras, que seguiam para a feira perto da nossa casa. Eles vinham descalços da fazenda e passavam lá para lavar os pés, botar o chinelo e entrar na feira. Aí eu aproveitava para vender — contava Vitória, mostrando marcas pelo corpo, feitas pelo fogão a lenha, que o tempo não apagou.

O negócio prosperou e Vitória apostou em outro tipo de doce. Com as sobras de coco que a mãe usava para fazer comida, ela preparava cocada. Quando a sobra era pouca, acrescentava mamão verde.

Pouco tempo depois, a família passou a trabalhar para a Fazenda Boa Vista. A mudança de casa ajudou no projeto de vida da menina. Aos 13 anos, soube que uma professora tinha acabado de abrir uma escola no meio do mato. Decidiu estudar.

A escola era paga. Custava 200 réis. Mas Vitória teimou e conseguiu tirar a promessa da mãe de que iria ajudá-la. Com muita dificuldade, dona Rosália passou a levar e buscar a filha caçula. A volta do colégio só acontecia depois das seis da tarde, quando a mãe de Vitória saía da lavoura. Por passar o dia inteiro estudando, a menina aprendeu a ler em pouco tempo.

— Na primeira vez em que peguei um livrinho de cordel que achei na estrada e comecei a ler, vi que era cheio de pornografia. Comecei a ler, e todo mundo ria — lembrava.

Força de vontade não lhe faltava, e os progressos eram visíveis. Vitória só tinha dois interesses na vida: vender doces e estudar. Lia com desenvoltura e cativava os amigos da família com suas interpretações dos textos. Não faltava quem lhe trouxesse um cordel, uma revista, só para ver a menina ler em voz alta e clara. Mulher leitora, naquele tempo e lugar, era raridade.

Foi assim que um fazendeiro da região, chamado Leôncio, aproximou-se da família. Sempre trazia um livro para a menina e, assim, foi ganhando sua confiança.

Nem por isso Rosália facilitava. Todo dia, pela manhã, ao sair para o trabalho, passava a tranca na porta e mantinha a filha fechada, na companhia de seus livros e com a obrigação de cozinhar e arrumar a casa.

Leôncio, no entanto, rondava o local fazia tempo. Já conhecia bem os horários da família. Sabia que a menina ficava sozinha e que, em obediência à mãe, não abriria a porta para ninguém. Mas também sabia que as janelas ficavam abertas.

Foi por uma dessas janelas que, certo dia, entrou e violentou a menina. Para fazê-la parar de gritar e espernear, usou o mesmo argumento com o qual obteve seu silêncio por muito tempo:

— Fique quieta. Se abrir a boca, eu mato os seus irmãos.

# 3. Arremessada ao mundo

Tempos mais tarde, Vitória descobriu que Leôncio já havia estuprado várias mulheres. E também que a ameaça não era da boca para fora. Já trazia uma morte nas costas – justamente um marido que fora tirar satisfações do mal que o fazendeiro tinha feito à sua esposa.

Mas muitos anos ainda teriam de passar até que ele próprio fosse também assassinado.

Antes disso, fez da vida da menina um inferno. Conseguiu intimidá-la e retornou muitas vezes. Seguia-a no caminho da escola.

De falante e alegre, Vitória tornou-se calada e arredia. Ninguém entendia o motivo da mudança repentina.

Leôncio monitorava seus passos, espreitava. Como resultado dos constantes estupros, a menina engravidou. As ameaças tornaram-se mais severas. O criminoso era casado e não queria ter sua reputação abalada. Para ocultar a gravidez, escreveu um bilhete e mandou Vitória copiar. Ali, a adolescente dizia para a mãe e para os irmãos que estava indo embora com uma pessoa e que não voltaria mais.

Quando terminou de copiar o texto, com a letra trêmula, e entregou-o a Leôncio, teve a certeza de que estava assinando um bilhete só de ida para o inferno.

Combinaram a fuga para dali a alguns dias. Era uma noite chuvosa, e o fazendeiro foi buscá-la pessoalmente. Vitória pulou a janela, levando sua trouxa, e deixou-se conduzir pela noite fria.

O destino era a cidade de Paulo Jacinto, que ficava a 104 quilômetros de Maceió. Não havia condução para lá, era preciso caminhar. E foi o que fizeram durante toda a noite, andando por estradas escuras, atravessando rios com a água pelo pescoço, a trouxa na cabeça e um medo imenso de ser arrastada pela correnteza. Depois o frio, e mais chuva.

Décadas mais tarde, Vitória lembraria:

— Ele podia ter me executado ali e fugido. Ninguém ia saber. Mas foi comigo até o fim para ter certeza de que eu estava mesmo indo embora. E para bem longe.

Em Paulo Jacinto, uma Vitória exausta e enlameada foi entregue a uma prima de Leôncio. A mulher olhou-a de alto a baixo e conduziu-a a um quarto, que foi trancado a chave. As refeições eram servidas ali. Estava em cativeiro.

Ao fim de quinze dias, Leôncio reapareceu. Daquela vez, para dar à situação uma solução que lhe parecia definitiva. Mandou que Vitória arrumasse suas coisas. Sem nada dizer, acompanhou-a numa viagem de trem até Maceió. Lá chegando, conduziu-a à casa de um primo, deu-lhe um envelope com 100 mil-réis e disse adeus. Retornou no mesmo dia à cidade natal, com a declarada intenção de nunca mais vê-la.

Para sorte de Vitória, o tal primo de Leôncio era uma boa pessoa. Inácio – seu nome – era um policial à moda antiga, desses que acreditam possuir a missão de proteger os desprotegidos. Arrumou um emprego para Vitória como doméstica e orientou-a nos primeiros percalços de cidade grande.

E não foram poucos. Além de precisar perder o medo de um lugar que lhe parecia imenso e incompreensível, Vitória teria de reaprender a se relacionar com as pessoas. O estupro, a tensão extrema a que fora submetida, o fato de ter sido arrancada de casa e jogada no mundo tinham-na transformado em uma moça assustadiça e retraída.

No entanto, nem por estar completamente acuada, conseguia se submeter às humilhantes condições de trabalho que cercavam a vida das empregadas domésticas nordestinas na década de 1940. Era comum ser obrigada a dormir no chão, em quartos insalubres, verdadeiras senzalas. Ela contava:

— Numa das casas onde trabalhei, todos os empregados ficavam numa dependência só. Os patrões pagavam pouco e por isso conseguiam ter vários empregados. Mas o lugar era horrível. Ninguém cuidava da limpeza na área em que nós ficávamos. Havia empregado que comia e jogava o resto de comida no chão. Eu acordava no meio da noite com as formigas em cima de mim.

Vitória estava, sim, acuada. Traumatizada pelo estupro, pela gravidez indesejada e pelo terror. Mas a menina corajosa que existia nela não estava morta.

Ao contrário da maioria dos empregados, não aceitava as condições de trabalho a que era submetida e sempre decidia sair. Do seu jeito, com os olhos baixos e pouquíssimas palavras. Enquanto isso, a barriga não parava de crescer. Até que chegou a uma situação-limite. O dinheiro dado por Leôncio lhe tinha sido roubado em uma das casas onde trabalhara. Restavam apenas uns trocados, resultado do trabalho. Mas logo a criança nasceria.

Acreditava não poder voltar para casa. Leôncio a havia advertido que a família estava tão revoltada com sua fuga que a mataria se regressasse. Era mentira. Mas, confusa e amedrontada, Vitória temia retornar ao único lugar onde poderia ser realmente acolhida.

Depois de idas e vindas que não a levaram a lugar algum, decidiu voltar para a casa da prima de Leôncio em Paulo Jacinto. Sem dinheiro suficiente para a viagem, tentou de tudo, até mesmo a mendicância.

Acabou decidindo empreender a viagem a pé. Não tinha temperamento para mendigar. O orgulho lhe dava forças.

Força, no entanto, não quer dizer conhecimento. Grávida de oito meses, sem a menor noção de distância, enfrentou uma duríssima jornada. Caminhou dia e noite, pouco dormindo porque não tinha onde pousar a cabeça em segurança. Acabou chegando ao seu destino faminta, imunda, em andrajos, com a sandália em trapos.

Nem mesmo a visão da menina grávida e corajosa amoleceu o coração da prima de Leôncio. Mal abriu a porta, avisou que não lhe daria abrigo. Segundo a mulher, a polícia andava atrás de Vitória, e ela não queria complicações. Despachou-a com palavras hostis, como quem descarta um problema que não é seu.

Mais uma vez, o orgulho falou mais alto do que o juízo. Escorraçada, Vitória decidiu procurar uma amiga da família chamada Josefa, que morava num lugarejo próximo. Próximo para quem possuía um cavalo, que fique bem claro. A pé, foram mais três dias de caminhada.

## 4. A volta ao lar

Quando dona Josefa abriu a porta, empalideceu. Suja, faminta e com os pés feridos, a menina arrastava um barrigão de oito meses de gravidez. A mulher não sabia se acudia Vitória ou se chorava. Todos a julgavam morta. Depois de alimentá-la e cuidar de seu conforto, decidiu ignorar seus apelos e mandou avisar a família.

Foi um encontro emocionado, com tantos risos e lágrimas, tantas perguntas ternas, tanto conforto e afeto, que Vitória não resistiu e contou o terrível segredo à mãe.

Não escondeu nada: nem os estupros, nem as ameaças, nem a vida dura que levara em Maceió.

Ao fim de seu relato, Rosália ergueu-se, indignada. Mandou a filha dormir, não sem antes adverti-la:

— Amanhã bem cedo nós vamos à delegacia em Quebrangulo. Lugar de bandido é na cadeia.

A fúria fria de Rosália era alimentada pela lembrança do comportamento de Leôncio no episódio. Quando Vitória desapareceu, ele foi o primeiro a procurá-la para oferecer apoio. Não desgrudava da família, chegava mesmo a simular buscas pelas redondezas. Quando tudo indicava que jamais voltariam a vê-la, o fazendeiro foi o primeiro a alimentar a ideia de que a menina estaria morta. Afinal, só mesmo uma desgraça justificaria o desaparecimento de moça tão ligada à família.

Na delegacia, amparada pela mãe, Vitória contou toda a história, sem omitir detalhes. Um policial foi buscar Leôncio em casa.

Impossível esquecer a entrada do fazendeiro na delegacia. Estava assustado e enraivecido. Nunca imaginou que tal coisa pudesse lhe acontecer. Rosália olhou-o com um misto de horror e desprezo capaz de fazer gelar o mais poderoso dos homens. O delegado registrou a queixa. Vitória, que afinal ainda não passava dos 15 anos, sentiu-se enfim protegida.

O sentimento de conforto, no entanto, durou pouco. Ainda na delegacia, Leôncio, já refeito do susto, tentava negociar. Sem olhar para Vitória, ofereceu uma quantia em dinheiro para que Rosália retirasse a queixa e esquecesse o assunto.

A reação da mãe restaurou a confiança de Vitória em seu futuro.

Muito altiva, Rosália respondeu:

— Minha filha não está à venda. Ela sofreu muito, e não há dinheiro que recupere o que ela perdeu.

Para os padrões da época e do lugar, a atitude era de ousadia sem tamanho. Enfrentar um poderoso local não era coisa que alguém fizesse em sã consciência. A negativa teria consequências, e Leôncio deixou isso bem claro.

Os meses seguintes foram de terror. Leôncio e a mulher – que, àquela altura, já sabia de tudo e apoiava incondicionalmente o marido – passaram a ameaçar a família. Organizaram emboscadas na tentativa de matar Vitória. Tentaram intimidar seus irmãos. A situação chegou a tal ponto que Vitória foi morar com Antônio, seu irmão mais velho, que já era então um vaqueiro de renome.

Foi na casa do irmão que ela deu à luz Maria do Socorro. O nome foi escolhido por Rosália, que havia feito promessa a Nossa Senhora do Perpétuo Socorro para encontrar a filha com vida.

Maria do Socorro, de modo carinhoso, logo foi chamada pela mãe de Soinha. Era uma pessoinha mesmo, uma linda menina.

Mas, infelizmente, nascera com uma doença cardíaca que não a deixaria completar 2 anos de vida. Não era o único problema. O estupro, a pouca idade, a vida dura que levara longe da família e a autonomia que tinha conquistado impediam Vitória de entregar-se por completo ao papel de mãe.

Assim que Soinha completou 3 meses, Vitória entregou-a a Rosália e decidiu partir de novo. Foi para Quebrangulo ser doméstica em um pequeno hotel. Não ficou muito tempo. Logo foi convidada para trabalhar na casa de uma senhora alemã. Aceitou. Queria trabalhar o quanto pudesse e juntar dinheiro para começar vida nova em uma cidade grande.

Décadas mais tarde, diria:

— Não me lembro bem da minha filha. É como se eu tivesse sofrido um bloqueio. Tenho até pesadelos por causa disso.

Ainda no hotel, em Quebrangulo, Vitória conheceu uma mulher, de nome Elvira, que a convidou para trabalhar na capital. Só não foi na hora porque a mãe e o irmão se opuseram veementemente à ideia.

Foi para a casa da alemã, mas a proposta de Elvira não lhe saía da cabeça. Não seria ali, no fim do mundo, que conseguiria ganhar dinheiro para ser alguém na vida. Tempos mais tarde, a mulher retornou à cidade, e Vitória decidiu partir sem dizer nada à mãe nem ao irmão. Acompanhada de Elvira, pegou o trem noturno para Maceió. Estava exultante. A desconhecida lhe prometera um bom salário. Fosse menos ingênua, teria se informado melhor a respeito do tipo de trabalho que a esperava. Mas, deslumbrada com a perspectiva de um bom emprego na capital, não pediu mais detalhes à mulher.

Chegaram à Estação Central de Maceió pela manhã. Confiante, Vitória andava pela plataforma observando as pessoas bem-vestidas, os prédios imponentes, e já sonhando com sua vida nova.

Sentou-se com Elvira numa padaria para tomarem café. Animada, quebrando seu habitual mutismo, Vitória comentou que tinha sorte por encontrar um bom emprego aos 15 anos. Elvira arregalou os olhos. Não podia ficar com uma garota daquela idade. Não queria problemas com a polícia. Só naquele momento a natureza do "emprego" prometido foi elucidada. Elvira era dona de um bordel em Maceió.

Irritada com o mau negócio que tinha feito, largou Vitória com seu copo de café na mão e foi-se embora, sem nem mesmo olhar para trás.

## 5. Mais uma vez, Maceió

Mais uma vez, via-se sozinha a perambular pelas ruas de Maceió. Parecia uma volta no tempo.

Depois de bater em muitas portas, acabou contratada como doméstica na casa de um militar reformado. Não chegou a completar uma semana ali. Depois de uma briga com a patroa, saiu de casa sem nem sequer esperar o dia amanhecer.

Pulou de emprego em emprego por um tempo, até que foi contratada por um casal, para o qual trabalhou por muitos anos. Ele era funcionário público federal, e a mulher, dona de casa. Quando o patrão foi transferido para Recife, seguiu com o casal para a cidade pernambucana.

O segredo da mudança de comportamento era simples. Naquela casa, recebeu um tratamento que considerava digno. O casal incentivava a menina a estudar e a progredir na vida. Em contrapartida, ela trabalhava com afinco e sacrificava até os dias de folga quando era preciso. Uma forma de demonstrar gratidão. As boas lembranças desse casal duraram por muito tempo. Com orgulho, Vitória contava que guardara uma fotografia deles como recordação.

Agora, trabalhava durante o dia e, à noite, frequentava um colégio público em Recife. Aprendeu a fazer contas, mas gostava mesmo era de ler. Descobria o mundo pela leitura. Para treinar a escrita, não cansava de criar cartas. Escrevia sobre tudo e nem sempre mandava as correspondências para alguém. Na realidade, produzia uma espécie de diário, no qual as fábulas e as histórias que inventava tinham espaço. Começou a desenhar também. Era uma maneira de expressar tudo o que sentia – e sobre o que ainda não conseguia falar. O trauma do estupro, Vitória carregou a vida inteira. Isso dificultou o relacionamento dela com os homens. A dedicação ao trabalho também contribuiu para que ela optasse por uma vida solitária, sem marido ou filhos. Quando fez essa escolha, não levou em conta que nem sempre a razão controla o coração. Estava decidida a cumprir sua trajetória sozinha, abrindo mão de constituir família.

Por intermédio de um parente do casal, Vitória conseguiu realizar seu maior sonho: morar no Rio de Janeiro. Foi apresentada à irmã de seu patrão, que havia acabado de chegar a Recife. Voltava de um cruzeiro pela Europa. Quando a viu, Vitória não deixou a voz faltar. Perguntou se conhecia alguém que pudesse empregá-la no Rio. A mulher precisava de uma pessoa de confiança para trabalhar e morar em sua casa, no bairro carioca de Laranjeiras. Mas, para levar Vitória consigo, teria de pedir autorização a seu irmão. Não podia simplesmente tirá-la do emprego. Dada a permissão, queria botar Vitória no primeiro avião. Mas a moça aproveitou e fez um pedido: queria ir de navio.

Era dia 26 de dezembro de 1951 quando Vitória embarcou no navio *Itatinga*, que fazia sua última viagem. Ela conheceu o mar, que até então só imaginava nos sonhos. Foram treze dias passados na proa do navio, olhos perdidos no horizonte e muitos planos, até ancorar no Cais do Porto, na Praça Mauá.

Chegou ao Rio em janeiro de 1952, disposta a trabalhar e a continuar estudando. A então capital do país não era um capricho para ela. Estava decidida a melhorar de vida e nada mais iria detê-la.

Teria pela frente um tempo duro. A nova patroa não gostava que sua empregada estudasse e procurava dificultar ao máximo as tentativas de Vitória para acompanhar as aulas noturnas. Ela teria de trabalhar dois anos para pagar a passagem. E foi o que fez. No dia em que pagou a última parcela, pediu demissão.

Mais uma vez, começou a pular de emprego em emprego. Conseguiu abrigo na Igreja do Cristo Redentor, fazia faxina na paróquia. Saiu. Começou a distribuir folhetos para um escritório e alugou um quartinho na Rua do Riachuelo. Ficou dois anos e saiu. Foi trabalhar para um advogado que mantinha uma instituição beneficente. Saiu ao descobrir que se tratava de um pilantra.

Esse último emprego, no entanto, acabou funcionando como uma espécie de estágio para Vitória. Em contato com o público, pedindo donativos, convencendo, voltou a relacionar-se bem com as pessoas. As palavras já fluíam com facilidade, tinha bons argumentos. Deixara para trás a velha mudez.

Mais segura e comunicativa, tornou-se vendedora de uma confecção. Atuava na área de São Cristóvão e Benfica, na Zona Norte da cidade. Rapidamente, destacou-se das demais vendedoras. Batia todas as metas, vendia como ninguém.

Enfim, descobria uma vocação. Recuperava a alegria e a determinação da menina que vendia cocada na porta de casa. Voltava a apostar no futuro.

Foi esse entusiasmo que a levou a tomar uma decisão. Seria dona do próprio negócio. Juntou dinheiro, comprou um bom estoque de roupas e objetos pessoais, colocou tudo em uma mala e montou uma barraca na Rua da Alfândega, no Centro.

Ali, fez amigos e clientes fiéis. Aprendeu a conhecer o gosto de cada um. Passou a atender de forma personalizada. Isso fez sua barraca virar uma das mais procuradas daquela região. O que um cliente queria ela se esforçava para encontrar.

Mudou-se do quartinho da Rua do Riachuelo para o apartamento de uma amiga, no bairro do Flamengo, onde ajudava nas despesas. Era um progresso, sem dúvida.

No entanto, o dia a dia ainda era um bocado difícil. Vida de camelô é muito instável, nem sempre é possível vender o suficiente para garantir uma sobrevivência modesta. Por isso, quando apareceu uma oportunidade de trabalhar com carteira assinada, Vitória não hesitou. Fechou seu negócio e tornou-se cozinheira no restaurante de uma companhia norte-americana. Ganhava três salários mínimos por mês. Uma fortuna para seus padrões.

Foi também a primeira vez em que teve garantias trabalhistas. Ao ser demitida, um ano e meio mais tarde, recebeu uma indenização.

# 6. A casa própria

Com o dinheiro recebido, comprou duas camas a mais para o pequeno apartamento no qual morava então. Alugou as vagas e decidiu investir em sua formação profissional. Fez um curso de cabeleireira e, em seguida, começou a trabalhar em um salão na Rua da Assembleia, no Centro do Rio.

Logo viu, no entanto, que aquilo era pouco. Queria mais, precisava vencer, deixar para trás a lembrança do barracão de ferramentas e o chão de terra batida. Gostava de estudar, não tinha medo de trabalho. Sem abandonar o emprego, voltou a estudar à noite, fazendo um curso de massoterapia e fisioterapia na Policlínica Geral do Rio de Janeiro.

Em 1962, dividia-se entre o salão e as clientes particulares. Pouco tempo depois, já com a clientela garantida, abriu um salão em sua casa. Fazia massagem pela manhã e cuidava dos cabelos da freguesia na parte da tarde.

Finalmente, o negócio deu certo. Durante dois anos, o corredor do prédio ficou ocupado com a fila na porta do pequeno apartamento. Vitória abriu uma caderneta de poupança e decidiu trabalhar dobrado. Concentrou-se na massagem.

Com o dinheiro que ganhava, podia pensar no aluguel de um lugar melhor para morar e atender sua clientela. As condições do pequeno apartamento na Glória beiravam a insalubridade. O lugar era úmido, cheio de infiltrações, malcuidado. Vitória também não suportava a vizinhança, uma gente grosseira, barulhenta, muitos com profissões escusas.

No entanto, não saiu dali. Queria fazer seu pé-de-meia e realizar o sonho da casa própria.

Trabalhou incansavelmente para isso. Juntou dinheiro, investiu no Consórcio Brasileiro de Imóveis, viu esse dinheiro desaparecer com a falência fraudulenta do empreendimento. Voltou a economizar até conseguir o suficiente para pedir um financiamento à Caixa Econômica Federal.

Já era o ano de 1966. Vitória trabalhara dia e noite para dar a entrada em sua casa. Começou a procurar um apartamento para comprar. Um dia, deparou-se com um pequeno imóvel em Copacabana. Uma vez lá, viu, através da janela, uma floresta linda, cheia de pássaros. Era, enfim, a recompensa por tantos anos de luta. Um apartamento na Zona Sul da cidade mais bonita do Brasil, com vista deslumbrante, silêncio, cheiro de mato e tranquilidade.

Mudou-se para lá em 1967.

## 7. Copacabana, enfim

Ao mudar-se para um apartamento de fundos, cuja altura o deixava próximo ao número 572 da Ladeira dos Tabajaras, Vitória sonhava ter conquistado o Paraíso. Não era para menos. No fim da década de 1960, Copacabana era um dos bairros mais charmosos da cidade.

Ao contrário de outras regiões hoje degradadas do Rio, Copacabana tinha ocupação um tanto recente. Até o século XIX, não passava de uma tranquila colônia de pescadores, praticamente isolada do resto da cidade. Era chamada de Sacopenapã, que significa o barulho das asas das aves socós, comuns no bairro até hoje.

Só em 1873 a região teve seu primeiro proprietário, Alexandre Wagner, que adquiriu três chácaras: a do Boticário, a do Sobral e a do Leme. Suas terras começavam na ponta do Leme e iam até a Rua Siqueira Campos. O acesso ao bairro era feito por duas ladeiras: a do Barroso, mais tarde rebatizada de Ladeira dos Tabajaras, e a do Leme. Existia ainda uma entrada para quem tinha paciência e coragem de percorrer um longo percurso pela Lagoa Rodrigo de Freitas.

A Ladeira dos Tabajaras não passava de uma trilha, conhecida como "Caminho do Boi". Era por ali que D. Pedro II costumava passar para encurtar o percurso entre o Jardim Botânico e a região litorânea. Por obra de José Martins Barroso, em 1855, a trilha se transformou na primeira estrada de meia rodagem, ligando os atuais bairros de Copacabana e Botafogo. O caminho passou a ser chamado de Ladeira do Barroso em homenagem a seu fundador. Apenas em 1917 é que ganhou o nome dos Tabajaras, em homenagem aos índios que habitavam os Morros de São João e da Saudade, ambos cortados pela ladeira.

Copacabana foi transformada em bairro em 1892, com a chegada dos bondes da Cia. Ferro-Carril Jardim Botânico e a abertura do Túnel Alaor Prata, o conhecido Túnel Velho.

O bairro ainda era sinônimo da beleza carioca quando Vitória comprou o apartamento. Ainda assim, ela fugiu das ruas mais movimentadas e encontrou seu pedacinho de Paraíso no Bairro Peixoto, uma região bucólica incrustada em Copacabana.

O Bairro Peixoto é composto de duas praças, uma travessa, uma ladeira e treze ruas. Seus limites são estabelecidos pelos Morros dos Cabritos e de São João. A Ladeira dos Tabajaras fica à direita e é caminho para a Rua Euclides da Rocha, um dos acessos ao Morro dos Cabritos.

Foi ali que depositou os sonhos de uma vida inteira. Todos os seus esforços, suas economias, sua certeza de ter escapado a um destino nada alvissareiro.

O prédio onde Vitória comprou o apartamento era novo. Fora construído em 1960. Escolheu um apartamento de fundos, tranquilo, silencioso, com vista para a mata.

O namoro com a casa nova durou muito tempo. O conjugado de 42 metros quadrados foi decorado aos poucos, com carinho e cuidado.

Para uma pessoa sozinha, o apartamento era amplo. Logo na entrada, havia uma pequena saleta acompanhada de um longo corredor. Ele dava acesso à cozinha, que ficava à esquerda de quem entrava.

Além do fogão, cabiam uma geladeira e uma mesinha para refeições. O banheiro, que também funcionava como área de serviço, vinha logo em seguida. Uma grade, que mais parecia um portão antigo, dividia o espaço do cômodo principal em dois: parte destinada à sala, parte destinada ao quarto.

Com o apartamento comprado, era hora de pensar em visitar a família. Desde que tinha vindo para o Rio de Janeiro, nunca mais pôde ver a mãe nem os irmãos. A viagem era cara. Enviar dinheiro para Rosália e economizar para progredir eram prioridades.

Mas, agora, as cartas não eram o suficiente para aplacar as saudades. E Vitória decidiu retornar às origens, rever a mãe, rever o lugar onde havia crescido.

Ao chegar ao interior de Alagoas, teve um choque. Rosália ainda costurava para fora, mas sua força já não era a mesma. Logo percebeu que o dinheiro que enviara durante todos aqueles anos não tinha sido o bastante para garantir à mãe um padrão mínimo de conforto.

Os irmãos já estavam todos longe, cada qual cuidando de sua vida. Antônio, o menino que construíra a primeira casa da família, era agora fazendeiro no Centro-Oeste. A irmã vivia no Nordeste, mas longe da mãe. Com um bom padrão de vida, costumava viajar para o exterior nas férias. Um dos filhos dela, que havia tido poliomielite, tornara-se um cantor famoso na Itália.

Vitória gostava de pensar na história de cada um deles como um exemplo de superação. Todos lutaram contra a miséria, contra a doença, contra os poderosos. E sobreviveram. E bem.

Menos Rosália. Ao ver a mãe tão frágil, embora na ocasião já instalada em uma boa casa, soube que aquilo era uma despedida. Olhou para ela e lembrou-se da figura forte, da mulher indomável que a tinha preparado para a vida. Enxugou as lágrimas e retornou ao Rio de Janeiro, sabendo que não voltaria a vê-la.

Nos anos seguintes, Vitória exorcizou seus fantasmas da maneira habitual: trabalhando duro. Também começou a pintar. Era o seu jeito de afastar a solidão. Criou uma carapaça blindada de mulher forte, que não admitia deslizes ou fraquezas. Afinal, ela conseguira superar as adversidades. Por que outros não conseguiriam?

O apartamento de Copacabana transformou-se em seu castelo. Durante anos investiu na melhoria do imóvel, acreditando que só sairia dali morta. Julgava que todas as grandes batalhas que a vida lhe destinara haviam terminado. O trabalho ainda era seu companheiro, e nunca mais precisaria enfrentar gente com poder demais e humanidade de menos, como Leôncio.

A certeza de que o destino agora só lhe reservaria momentos de paz levou Vitória a fazer um testamento à mão, no qual detalhava com quem ficaria cada bem seu. Ela considerava bem tudo o que tinha conquistado na vida, inclusive as louças e objetos pessoais, assim como os quadros que pintava. Deixava o apartamento para uma instituição de caridade.

Tudo isso era uma preocupação para o caso de morrer ainda jovem. Mal sabia Vitória que ainda viveria muito. Que seu espírito de luta ainda seria posto à prova muitas vezes. E que seu castelo se transformaria em seu inferno.

Foi aos poucos, ao longo dos anos. A mata em frente à janela do único cômodo do apartamento, cheia de pássaros e macaquinhos, viu surgirem os primeiros barracos. Mais tarde, o povoamento irregular se adensou e transformou-se em ocupação desordenada.

No começo da década de 1980, as favelas já constituíam grandes territórios sem lei e sem presença do Estado. Tais características, aliadas à pobreza extrema, fizeram delas refúgios ideais para criminosos. Na mesma época, o crime descobriu uma atividade altamente lucrativa: o tráfico de drogas para os moradores do asfalto.

Menos de duas décadas depois de haver comprado o apartamento onde julgou poder morar pelo resto da vida, Vitória já não tinha mais a bela vista que se descortinava de sua janela. Fora substituída pelos casebres da favela. Uns grudados nos outros, formavam vielas pelas quais transitavam jovens de classe média em busca de uma trouxinha de maconha.

Ainda não existia a violência extrema que chegaria com a década de 1990. Até aquele momento, havia apenas uma juventude que sonhava com ideais de paz e amor enquanto puxava seu baseado.

A atividade do tráfico, porém, tornava-se cada vez mais lucrativa. À maconha veio somar-se a cocaína – a droga do poder. Em vez de fumarem um baseado e ouvirem música enquanto negociavam suas trouxinhas, os traficantes começaram a cheirar o pó que vendiam. O número de favelas cresceu de forma assustadora. No ano 2000, já eram 730, 80% delas já dominadas por quadrilhas fortemente armadas. Verdadeiros enclaves de ilegalidade espalhados pela cidade, lugares que a lei não protegia e aos quais os serviços do Estado não chegavam.

Muito mais lucrativa do que a maconha, a cocaína levou o tráfico a organizar-se. Era uma droga importada, que exigia operações cada vez mais sofisticadas, ligações com outros Estados. E armas, armas de guerra para defender cobiçados territórios. Com esses ingredientes, a desordem social nas décadas seguintes aos anos 1980 transformou-se em problema de segurança pública uma década depois, quando Copacabana virou cenário de uma das mais violentas guerras pela hegemonia do tráfico.

A guerra começara. E se desenrolava exatamente em frente à janela do apartamento de Vitória.

## 8. Primeira guerra, primeiras batalhas

Apesar do crescimento da favela e do óbvio movimento dos traficantes, Vitória só se deu conta da gravidade da situação em 1995, quando começou a guerra.

Àquela altura, já estava aposentada. Passava mais tempo em casa. E teve medo, muito medo, do tiroteio que pipocava diante de sua janela. Sua primeira reação foi a de qualquer pessoa: telefonou para a polícia. Não obteve resposta nem resultados. O tiroteio não só continuava como se tornava mais intenso a cada dia. Depois de um ano, decidiu procurar ajuda em outro lugar. Dirigiu-se, pessoalmente, ao Quartel-General da Polícia Militar do Rio de Janeiro, na Rua Evaristo da Veiga, no Centro. Só ali conseguiu ser atendida.

Ela contou ao oficial que a recebeu:

— Tem tanto tiroteio que as pessoas, quando telefonam para mim, ficam assustadas só de ouvir o barulho. Até a polícia, quando eu liguei para o 190 [canal oficial de emergência da polícia], perguntou que tiroteio era aquele. Eu já sabia até qual barulho era de escopeta, de pistola, porque são diferentes. Mas nunca veio ninguém para reprimir.

Depois de ouvir suas denúncias, o oficial programou na mesma hora uma operação para invadir a Ladeira dos Tabajaras. Depois de um fim de semana de levantamento sobre a rotina dos traficantes, a Polícia

Militar invadiu as bocas de fumo e prendeu vários suspeitos. Um ônibus da PM saiu lotado de presos.

Durante quatro anos, teve algum sossego. Mas, em 1999, o tráfico voltou a atuar na região com força total. A boca de fumo funcionava 24 horas por dia. Em março daquele ano, duas balas acertaram a janela de sua casa. O segundo disparo aconteceu quando dois policiais militares atendiam ao chamado dela.

Quando ainda era criança, em pleno sertão, estuprada por um fazendeiro poderoso, conseguira ajuda da polícia. Mas agora, já idosa, sentia-se completamente desamparada. Seus pedidos de socorro caíam no vazio.

Vitória, no entanto, tinha sido talhada para a luta. Não era de desistir. Ao constatar que não adiantaria pedir ajuda à polícia da região, enviou uma carta à então governadora do Estado, Benedita da Silva. A correspondência foi remetida no dia 31 de agosto de 2002.

Já que ninguém solucionava seu problema, tentava negociar a troca do apartamento em que morava por outro, no mesmo prédio, mas de frente para a Praça Vereador Rocha Leão.

A carta é um extraordinário documento da coragem e audácia dessa mulher.

> Rio de Janeiro, 31 de agosto de 2002
> Exma. Sra. Governadora do Estado do Rio de Janeiro e Gabinete do Estado
> Senhores, autoridades
>
> Eu moro na Praça Vereador Rocha Leão [...], o meu apartamento é de fundos, bem na altura da Ladeira dos Tabajaras. Moro aqui há 35 anos. Na época, isso aqui era um paraíso, agora tornou-se um inferno, pois se transformou num reduto de traficantes. Ficam a tarde toda com sacolas cheias de drogas, anunciando aos gritos. Vendem e cheiram bem em frente à minha janela, que já está toda perfurada de balas.

Os malditos ficam me mandando sair, porém eu tenho sempre um ataque de nervos. Começo a gritar, apitar, bater no parapeito de metal com uma barra de ferro; não sei como já não derrubei tudo! Já botei vidros blindados. Tem um lado arranhado, deve ter sido um tiro.

Quando estou em apuros, chamo a polícia, e eles me auxiliam. Mas, quando os policiais saem, os bandidos voltam. São uns covardes, uns ratos de esgoto. Eu já não tenho mais tranquilidade. Estou me sentindo tolhida e usurpada no meu direito de cidadã. Pago os meus impostos e ando dentro da lei, porém não tenho a segurança, que é obrigação do Estado e também do município. Agora, os amaldiçoados traficantes estão à vontade. Se a polícia chega revidando e acerta um desgraçado, são agressivos, são maus. Alguém vai lá consolar mãe de bandido. Ninguém se preocupa com os nossos irmãozinhos policiais. São meninos guerreiros, batalhadores. Essas criaturas merecem respeito e têm de ser prestigiadas. São legítimos defensores da lei e do direito constituído. Vamos respeitá-los. Poder paralelo – eu, hein! Me poupem! São umas bestas, uns idiotas, uma casta de vagabundos frouxos que têm medo da própria sombra. São ervas daninhas que têm de ser arrancadas pela raiz. São uns purulentos, podres. Essas coisas fizeram um quiosque aqui em frente à minha janela, que é uma boca de fumo da pesada. É na via pública e tem de ser destruída. Tem também um maldito baile funk aos sábados, que é uma desgraça. É uma feira de drogas e prostituição. É na Euclides da Rocha. Eu vou entrar em contato com a Prefeitura para saber quem deu licença para esta calamidade.

Eu estou escrevendo esta carta para pedir que fiquem com este imóvel e me deem outro em lugar seguro. Só que tem de ser no mesmo prédio. Quero ressarcimento pelos danos que o Estado e o município estão me causando. O meu lar é o meu santuário, o meu lugar de repouso. Saí da pobreza absoluta, lutei alucinadamente para conseguir o meu patrimônio. Não vou sair no prejuízo. Eu queria entrar na Justiça, porém vou aguardar um entendimento do Estado, unido com o município.

Eu não estou pedindo nada a ninguém, só estou exigindo os meus direitos. Se os bandidos têm, como eu fico?

Atenciosamente ou indignadamente, agradeço.

Engana-se quem imagina que o envio da carta foi um gesto precipitado. Foi apenas o ponto culminante de uma série de apelos sem resposta. Era sinal de que sua paciência estava se esgotando. Não era possível que tal coisa ocorresse debaixo de seus olhos. O que ela via todos os dias era a atividade livre de criminosos. Ninguém os reprimia. E Vitória tinha a firme convicção de que criminosos não podem agir e permanecer impunes. E muito menos prejudicar sua vida daquela maneira.

Quinze dias antes de enviar a carta à governadora, Vitória tinha registrado ocorrência de ameaça na delegacia de Copacabana. Ela relatara o que estava acontecendo em frente à sua casa. A resposta-padrão do Gabinete da governadora demorou duas semanas para chegar. Vinha assinada pela Ouvidoria-Geral do Estado.

Rio de Janeiro, 16/9/2002, Copacabana

Gostaríamos de informar-lhe que, a respeito de sua denúncia quanto à venda de drogas e prostituição em um quiosque na Praça Rocha Leão, em Copacabana, registrada em nossa Central de Atendimento com o número 113254, a Secretaria de Segurança Pública nos enviou a seguinte resposta: "O assunto foi encaminhado ao Comando do 19º Batalhão da Polícia Militar, para adoção das medidas operacionais adequadas".

Agradecemos por sua colaboração e exemplo de cidadania.

Ouvidoria-Geral do Estado do Rio de Janeiro

Não havia sido o único apelo sem resposta eficaz. Em outra correspondência, endereçada ao prefeito Cesar Maia, Vitória denunciava a realização de bailes funk na Rua Euclides da Rocha, um dos acessos ao Morro dos Cabritos, favela contígua à Ladeira dos Tabajaras. Nenhuma solução.

Mesmo assim, Vitória não se acostumava com o tratamento que os órgãos do Estado davam às suas reclamações. Em agosto, tinha denunciado à 12ª DP (Copacabana) a verdadeira feira do pó que ocorria sob sua janela. Em 20 de novembro, mais de três meses depois da denúncia, o inspetor responsável pela Verificação de Procedência de Informação (VPI) fez um relatório lacônico, dizendo que não conseguiu encontrá-la em casa:

> Ilmo. Sr. Delegado
>
> Cumpre informar que fui diversas vezes ao apartamento da Sra. [...], contudo nunca a encontrei no local, para poder observar os elementos que esta afirmou que praticam tráfico e a ameaçam, já que a Sra. [...] havia permitido a observação do movimento de seu apartamento, o que seria fundamental para determinar o local exato onde ocorre o fato. Sugiro, portanto, já que o prazo legal deste procedimento está esgotado, a suspensão temporária do mesmo até que seja possível continuar as investigações determinando os autores do fato.
>
> Rio de Janeiro, 20 de novembro de 2002

O delegado atendeu ao pedido do inspetor e decidiu arquivar a investigação. Quando voltou à delegacia, Vitória ficou indignada. E rebateu o relatório. Escreveu outra carta, uma espécie de petição:

> É uma inverdade o que esse cidadão diz, que esteve na minha casa várias vezes e não me encontrou. Nunca ninguém esteve aqui. É que no meu prédio tem interfone e circuito de televisão e ninguém entra sem se identificar. O morador é chamado para confirmar e autorizar a

entrada. Também, eles têm o meu telefone. Podiam ligar e combinar o horário. O que eu senti na Polícia Civil foi um grande descaso. Eu sempre liguei para essa delegacia e me mandavam ligar para o 190, porque isso não era da competência deles, e sim da Polícia Militar. Nunca me deram a mínima. Olha que eu estive lá. [...] Humilhação. Eu trabalho só segunda e terça-feira, chego em casa no máximo às três da tarde e não saio mais. Os outros dias fico em casa pintando. A Polícia Militar já esteve aqui algumas vezes, porém me ligam e combinam horários. Já liguei para a Secretaria de Segurança e fui destratada. Olha, chega!

Como nada fazia efeito, Vitória decidiu-se por um gesto mais ousado. Em março de 2003, procurou a Defensoria Pública do Rio de Janeiro. Depois de enfrentar uma fila e horas de espera, conseguiu explicar ao defensor que queria processar o Estado. Estava com a cópia de todas as correspondências, das respostas das autoridades, recortes de jornal referentes à violência na Ladeira dos Tabajaras. Havia ali um verdadeiro dossiê que comprovava a incompetência das autoridades em controlar o crime. Munido dos documentos, o defensor público Gustavo Santana Nogueira redigiu uma petição pedindo uma indenização que permitisse a Dona Vitória trocar de apartamento. O processo foi protocolado na Justiça no dia 22 de maio daquele ano, ou seja, quase dois meses depois.

Não há a mínima proporcionalidade, a mínima racionalidade, a mínima razoabilidade nesta pretensão, só se podendo creditá-la ao fato de que a autora nada tem a perder como beneficiária da gratuidade judiciária, a despeito do manifesto abuso do direito de litigar.

Assim concluía o procurador Mário Augusto Figueira em sua defesa. A Procuradoria-Geral do Estado recorreu pouco mais de um mês depois de a ação ter sido protocolada na Justiça. A defesa afirmava que não havia omissão do Estado e que não cabia pedido de indenização para esse tipo de caso.

O Estado jogou duro nas petições e na defesa, principalmente quando tentou desqualificar Vitória. Foi o artifício usado pelo então comandante do 19º BPM (Copacabana), responsável pelo policiamento na Ladeira dos Tabajaras. O então tenente-coronel, depois promovido a coronel, Dario Cony dos Santos, elaborou um documento atendendo ao pedido da Procuradoria do Estado. Nele, o oficial da PM relatou sua impressão sobre Dona Vitória, os contatos que teve com ela e o que havia feito até aquele momento. No Ofício 2.023/2.570/02, datado de 18 de junho de 2003, ele conclui:

> Outrossim, esclareço-vos que o Comando do Batalhão entende a situação por que passa não só a autora, mas toda a sociedade brasileira, no que tange a esse mal que assola a nossa juventude, ou seja, o tráfico e o consumo de drogas; entretanto, julgamos que as ações de combate ao tráfico de drogas, na Ladeira dos Tabajaras, serão permanentes e ininterruptas, e seriam pífias as afirmações de que qualquer ação, ostensiva ou repressiva, acabaria com a atividade criminosa.

## 9. Precisamos de provas

Vitória acreditava que o julgamento favorável a ela poderia significar sua saída do apartamento. Imaginava que, com a causa ganha, o Estado pagaria o valor da ação imediatamente. Estava enganada. Não levava em consideração os recursos e a expedição de precatórios para o pagamento.

Sete meses depois, nada havia sido resolvido. Vitória atendia seus clientes pela manhã e à tarde ia ao Fórum da capital, sem falar nas visitas que fazia à Defensoria Pública. Pensava que assim adiantaria o andamento do processo na Justiça.

Numa dessas idas e vindas, foi informada de que deveria apresentar provas da insegurança que era morar de frente para uma boca de fumo. Ficou irritada. E decidiu provar que falava a verdade.

Entrou numa loja e comprou uma filmadora VHS. Parcelou em doze vezes. Aprendeu a operar a câmera com o vendedor e foi para casa.

As primeiras imagens, de dezembro de 2003, são tremidas. As mais nítidas foram gravadas no dia 24 de dezembro daquele ano. Três menores aparecem juntos numa boca de fumo. Um deles carrega uma escopeta calibre 12. Os outros seguram sacos com drogas. Como trilha sonora, Vitória começa a relatar o que vê e o que sente.

— Se eu tivesse medo, estaria morta. A pessoa que tem medo abaixa a cabeça, está ferrada. Quanto mais tenho medo, mais encaro. O medo me encoraja, me faz lutar e batalhar. Não é que eu não tenha medo de olhar e ver o cara com um fuzil apontando para mim. Lógico que no começo eu tremia, meu coração batia que só faltava sair pela boca. Mas agora não, já estou mais profissional, já filmo assim de uma maneira mais calma. Inclusive, eles sabem que estou filmando porque eu mostrei.

As filmagens eram feitas diariamente, mas a falta de intimidade com a máquina ainda interferia na qualidade das imagens. O problema da tremedeira foi resolvido com uma base improvisada, feita com uma mesinha de televisão (daquelas antigas de ferro), livros e listas telefônicas. A cadeira, com algumas almofadas, já ficava preparada em frente à janela de modo estratégico. O conforto improvisado era para suportar as horas a fio em que ficava filmando os bandidos. Ela só se levantava para ir ao banheiro, comer ou quando tinha de sair.

Queriam provas? Pois teriam.

# PARTE
## 2

## 10. Dona Vitória, uma descoberta

Fui informalmente apresentado ao caso de Dona Vitória nos últimos dias de março de 2004. Eu estava de passagem pela Coordenadoria de Inteligência da Polícia Civil (Cinpol) do Rio de Janeiro, em busca de assuntos que rendessem uma boa pauta jornalística, quando ouvi dos policiais que uma senhora acabara de deixar uma bolsa com oito fitas VHS.

— Quem é ela? — perguntei.

Várias vozes se levantaram. Dona Vitória já era conhecida pela polícia. Todos já tinham, pelo menos, ouvido falar dela.

— É uma maluca — disse um.

A maioria concordou.

A voz dissonante foi a do inspetor Nascimento. Ele estava admirado com a iniciativa da senhora. Tinha noção do que representava sua coragem e se mostrava interessado em acabar com o martírio pelo qual ela passava.

— É uma aposentada de seus 80 anos, toda empertigada, lúcida, e muito indignada com a maneira como vem sendo tratada. Nunca vi uma coisa dessas em todos os meus anos de polícia. — E explicou: — Ela está procurando a Marina, quer fazer uma denúncia.

Marina era a inspetora Marina Maggessi, responsável pelo órgão. Dona Vitória tinha visto uma entrevista da policial na televisão e fora pedir auxílio na luta que travava contra o tráfico na Ladeira dos Tabajaras. Mas, por aqueles dias, a inspetora fazia um curso de inteligência em Brasília, patrocinado pela Organização das Nações Unidas (ONU), na Agência Brasileira de Inteligência (Abin). Ela só teve contato com o material deixado por Dona Vitória dias depois, quando reassumiu a Cinpol.

Mais tarde, convenci Nascimento, que assistiu às imagens e conversou com Dona Vitória, a me mostrar um trecho das gravações. A primeira cena que vi foi a de um bandido armado com uma pistola na entrada de uma viela, que tem uma escada como acesso. Não imaginava que ainda veria outras imagens como aquela várias vezes. O áudio da televisão estava baixo, e não conseguia ouvir o que Dona Vitória falava. Saí dali com a certeza de que as filmagens serviriam, pelo menos, para uma boa matéria de domingo. Antes, porém, precisava assistir a todo o material entregue pela idosa. E mais: teria de convencer os policiais a me passarem as fitas.

Encontrei Marina Maggessi um dia depois de seu retorno de Brasília. A inspetora soube das fitas deixadas por Dona Vitória e decidiu assistir uma a uma. Passou o fim de semana inteiro diante do videocassete e, na segunda-feira seguinte, determinou que sua equipe começasse uma investigação para descobrir quem eram os criminosos. Marina pensava em identificar, conseguir mandado de prisão por intermédio de um inquérito de uma delegacia especializada e deflagrar uma operação policial na Ladeira dos Tabajaras para prender todos que apareciam nas cenas.

Conversei com Marina e ela concordou em me emprestar o material, com a condição de que o jornal não publicasse as imagens. Aceitei e levei as fitas, que continham mais de dez horas de cenas de traficantes em atividade.

Cheguei em casa cansado. Depois de jantar e tomar banho, decidi ver o que a "velhinha" tinha produzido. Peguei emprestado um adaptador para a fita, que era pequena, e comecei a assistir.

É difícil descrever a sensação, a emoção que me acometeu quando ouvi pela primeira vez o relato daquela senhora que eu nem imaginava como era. Nas primeiras cenas, fiquei empolgado. Precisava compartilhar aquele momento com alguém. Eufórico, chamei minha mulher, Cristina, para ver as imagens e ouvir a narrativa de Dona Vitória. Passei a madrugada vendo o material.

Ao mesmo tempo que filmava, Dona Vitória falava. As imagens eram chocantes. Mas mais chocante ainda era ouvir, como uma angustiada trilha sonora, a voz da idosa contando seu drama, relembrando passagens de sua vida, desabafando, chorando em desespero.

## 11. Cuidados necessários

Ao terminar de ver o material, eu estava agitado. Em dez anos de carreira cobrindo a área de polícia e segurança pública, era a primeira vez que eu via a história do tráfico numa das regiões mais nobres da cidade, contada pela ótica de uma cidadã.

Era como se pudéssemos ver o mundo pelos olhos de Dona Vitória. Ao revelar sua situação, ela nos fazia perceber como estávamos, todos, acuados.

Na empolgação, cometi um deslize. Quebrei uma das regras mais básicas da relação entre repórter e fonte: a confiança. Levei uma das fitas para a Redação e mostrei-a aos editores. Como era de se esperar, quiseram publicar a história o quanto antes.

O problema é que eu tinha combinado com Marina Maggessi que apenas eu veria as fitas – e mais ninguém. Só poderia mostrá-las a quem quer que fosse quando ela já tivesse avançado sua investigação.

Agora, eu precisava voltar à Cinpol e tentar convencê-la a ser fonte para conseguir publicar a matéria. A condição, no entanto, já era a segurança de Dona Vitória.

Foi uma discussão séria. Marina estava revoltada comigo. Depois de horas de argumentos sem fim, saí de lá sem saber se poderíamos dar a matéria ou não.

Percebi que colocara em risco a possibilidade de conseguir ser o repórter responsável pela publicação de uma das principais reportagens sobre o narcotráfico no Rio de Janeiro. Fiquei apreensivo, e, em outra reunião com os editores, decidimos interromper o trabalho que havíamos começado. Para contornar o problema, foram necessários alguns dias. Ficou resolvido que respeitaríamos o trabalho de investigação e a vontade da aposentada em falar conosco. Marina concordou.

Em apenas dois dias de trabalho, tinha selecionado cerca de duzentas imagens. Precisava digitalizá-las, mas não poderia deixar as fitas na mão de qualquer um. Reservamos horário num escritório de marketing, que também digitalizava fitas. O dono da empresa dispensou todos os funcionários. Queríamos – e era necessário – sigilo absoluto. Não poderíamos arriscar o vazamento das informações que tínhamos em mãos.

Nossa preocupação não era a de sermos "furados", que no jargão jornalístico significa amargar a derrota de o concorrente publicar antes de nós uma história. Era nada mais do que isto: sabíamos que a aposentada corria risco de vida.

Desde o início, decidimos – os editores e eu – que não haveria condições de publicar a reportagem sem que Dona Vitória deixasse o apartamento. As filmagens provavam que o local era muito próximo à favela. Trazer a história dela a público sem os cuidados necessários poderia significar uma sentença de morte.

Com o material devidamente organizado, eu precisava conhecer Dona Vitória. Não seria fácil. O trauma da quebra de confiança no início das negociações com Marina Maggessi me fez ir devagar.

No entanto, a redução forçada do ritmo do trabalho no material me angustiava. Entramos no mês de agosto de 2004. Mais precisamente no dia 22, decidi conversar com Marina. Ela acabara de perder a coordenação da Cinpol, e sua equipe fora colocada na Divisão de

Capturas da Polinter, uma unidade interestadual responsável pela captura e custódia de presos. Abri o jogo para ela. Disse que estava angustiado por ter deixado o trabalho parado durante tanto tempo. Perguntei, ao final, se ela de fato desejava ajudar na apresentação da idosa e se queria que a reportagem fosse publicada. Para minha alegria, a inspetora disse que iria ajudar e que não entendia por que eu não havia falado antes. Marcamos encontro para o dia seguinte, na Polinter, de onde ela ligou para Dona Vitória.

Tudo o que eu sabia sobre a aposentada até aquele momento se resumia à investigação particular que fiz. Quando peguei as fitas, encontrei um panfleto no saco onde elas estavam. Era uma propaganda de massagista. Dona Vitória ainda trabalhava como massoterapeuta e procurava mais clientes. Nele constavam o número do telefone, o endereço e o nome dela completo. O texto do prospecto me estimulava a pensar como seria aquela senhora, a traçar seu perfil. Reproduzo alguns trechos, exatamente como foram escritos:

[...] Massagista e shiatsu, formada pela Policlínica Geral do Rio de Janeiro em 64 [...]. Atendo pessoas com problemas de paralisia por acidentes, problemas nervosos ou por derrames, cansaço mental e físico, pressão alta, alta pressão da vista, pessoas de idade com dificuldade de locomoção e circulação.

Massoterapia para cura ou alívio do seu corpo e mente, dores reumáticas, ciático, torcicolo, bursite, dor nos pés que é a base de tudo.

Conheça os seus pés e você terá um corpo são; enfim vamos equilibrar essa energia magnífica que há em seu corpo vibrando.

Faça-a trabalhar em seu favor. Nós nascemos para sermos felizes. O nosso corpo é um show de vida, merece estar são.

Vamos ajudá-lo, jogue fora as suas muletas. Que Deus nos ajude. A partir das 16 horas. Só a domicílio.

Dona Vitória assinava embaixo. Com esses dados, consegui encontrar o processo dela contra o Estado, na Justiça. Entretanto, não poderia ligar para a aposentada sem a intermediação de Marina. Quebraria novamente o acordo. Também não podia prever a receptividade da idosa, que talvez temesse a aproximação de alguém que ela não conhecia.

## 12. O encontro

Cheguei à Polinter no início da tarde do dia 23 de agosto. Depois de algumas horas de bate-papo, lembrei a Marina de telefonar para Dona Vitória. Ela ligou e conversou com a aposentada, deu todas as referências sobre mim. A policial já havia falado outras vezes com ela, quando ainda era da Cinpol. Dona Vitória visitava a coordenadoria e relatava a Marina a movimentação dos bandidos e sua história de vida. Depois de conversar por alguns minutos com a aposentada, Marina me passou o telefone. Pela primeira vez, três meses depois de eu descobrir a história de Dona Vitória, falava com ela. Estava eufórica por conversar com um repórter. Queria que sua história fosse divulgada. Ela, inclusive, dizia isso nas gravações. Queria que as cenas da ausência do Estado naquela comunidade ganhassem o mundo. Tinha completa noção do que havia feito. Começamos o diálogo:

— Boa tarde! Tudo bem com a senhora?

— Tudo bem, obrigada. Estou muito feliz porque quero que tudo isso seja publicado. Tentei colocar na televisão, mas não consegui, pois temiam pela minha segurança.

— Quero encontrar a senhora, pode ser? Quero deixar claro que a condição do jornal também é de só publicar a história se a senhora estiver em segurança.

A conversa durou quase dez minutos. Ela quis saber o que eu tinha achado das filmagens, se estavam boas, se a reportagem daria resultado e repercussão. Marcamos para o dia seguinte, às 13h, na casa dela. Dali, seguiríamos direto para a Polinter, onde a inspetora Marina presenciaria nosso encontro.

A inspetora queria encontrar uma forma de ajudá-la sem a expor. Tentava convencer a aposentada de que era melhor passar uns meses na casa de um de seus irmãos. A proposta sempre era descartada. Nesse período, Dona Vitória contou a Marina que os bandidos haviam saído da frente de sua janela. As filmagens comprovaram depois que a migração da boca de fumo acontecia de tempos em tempos. Um procedimento normal, para evitar a ação de repressão da polícia. Uma forma de se resguardarem e evitar surpresas nas incursões.

Marina já havia identificado alguns bandidos filmados, porém, para usar as cenas como prova, teria de contar com o testemunho e as fitas feitas por Dona Vitória. Mas ela não poderia continuar morando no mesmo lugar, sob pena de ser morta caso fosse descoberta. A inspetora decidiu, então, suspender a operação até que ela concordasse em deixar o imóvel.

Cheguei ao jornal e contei a novidade. Havia conversado por telefone com a corajosa aposentada que resolveu lutar sozinha contra o poder tirano do narcotráfico. Pedi um carro sem o logotipo do jornal. Não poderíamos chegar ao prédio dela, que tem ao lado uma escadaria de acesso à Ladeira dos Tabajaras, com o carro do *Extra*. Chamaria muita atenção e colocaria a entrevistada em risco.

Na Praça Vereador Rocha Leão, liguei para ela. Dona Vitória desceu, e fiquei surpreso quando a vi. Ela não parecia ter 79 anos. Estava bem--vestida, com uma calça social, um blazer, maquiada, de brincos e cabelo feito, que tempos depois descobri que era uma de suas perucas. Um broche com a arma usada pelo orixá Ogum – que, no sincretismo religioso, é associado a São Jorge – resumia aquela senhora: era uma guerreira.

A empatia entre nós foi instantânea. Começamos a conversar sobre amenidades, nos conhecendo melhor. Evitamos tocar no assunto das filmagens no caminho até a Polinter. Lá nos dirigimos à sala da inspetora, para negociar a melhor forma de publicar a reportagem.

Expliquei a Dona Vitória que só poderíamos tornar seus relatos e imagens públicos quando ela estivesse em segurança. Perguntei se não havia mesmo possibilidade de passar um tempo com o irmão ou a irmã, mas ela vetou de cara. Ambos viviam fora do Rio de Janeiro. Ela argumentou que seu estilo de vida não comportava morar com outras pessoas, mesmo que fossem irmãos.

Percebi que ali começava um impasse. Tentei outras opções, como o ingresso no Programa de Proteção à Testemunha. Dona Vitória também descartou. Ela pensava que o modelo de abrigo era como a Casa da Testemunha, uma residência mantida pela Polícia Civil do Rio de Janeiro, onde eram colocadas pessoas que decidiam colaborar com a Justiça, delatando criminosos. Homens e mulheres, vítimas de quadrilhas de maus policiais ou do crime organizado, eram misturados a bandidos arrependidos que buscavam atenuar suas penas, colaborando com a polícia. Tudo isso numa casa sem proteção policial e com uma placa indicando o esconderijo "Casa da Testemunha – Polícia Civil do Rio de Janeiro".

O modelo nem existe mais. Entretanto, ficou marcado na memória da aposentada, pois o local sempre estava nas páginas policiais, tamanha a fragilidade do sistema.

Depois de algumas horas de conversa, partimos, sem chegar a uma solução plausível.

## 13. O apartamento

Levei Dona Vitória até sua casa e fui convidado a subir ao apartamento. Ela queria que eu visse o local de onde ela filmava e a distância do morro. Lembro como se fosse ontem a primeira vez que entrei ali. Até então, só tinha visto o que ela decidia colocar nas imagens que gravava, porque fazia sentido no contexto do documentário: um pedaço da janela e a cama onde dormia. Alguns quadros também.

Assim que entrei, deparei-me com a imagem de Nossa Senhora e um crucifixo. A pequena saleta tinha uma mesinha com cadeiras e uma penteadeira com espelho. Tudo parecia estar ali havia algumas décadas. O apartamento possuía essa peculiaridade, meio como casa de avó, em que o cheiro do tempo é sentido em cada peça de arte ou móvel que decora o ambiente. Segui pelo corredor, onde ficava a campainha, mais um objeto que tinha a marca do tempo. Era daquelas antigas, uma caixa parecida com rádios de modelo antigo, marrom, ligada a dois tubos grandes de ferro, que ao serem acionados batiam um contra o outro, provocando um toque diferente, peculiar.

Os quadros, ela devia ter quase vinte em casa, também chamaram a minha atenção. O apartamento era pequeno, mas parecia que a sala estava distante da entrada. As pinturas retratavam fases da vida dela que foram roubadas: a infância e a adolescência. Mostravam crianças brincando na fazenda, em meio a plantações de cana-de-açúcar. Em outros, a meninada andava a cavalo e brincava com os bois no pasto. A família reunida na igreja também era marcante nas telas da idosa. Ela retratava ainda a religiosidade, na qual encontrava forças para superar as adversidades da vida. A fé, para Dona Vitória, era tão importante que não existia uma parte do apartamento onde não procurasse materializar esse sentimento.

Quando entrei na sala, que era dividida com o quarto, fiquei impressionado. As gravações feitas por Dona Vitória já revelavam uma proximidade entre o apartamento e a Ladeira dos Tabajaras. Mas, quando vi com meus olhos, fiquei pasmo. A janela era perto demais do morro. Pensei que não poderíamos jamais publicar aquela reportagem.

Fiquei impressionado com a coragem dela. Também cheguei a pensar que sua iniciativa era pura maluquice. E repeti, agora mais alarmado, o que já tinha dito diante da inspetora Marina:

— Essa matéria não pode sair enquanto a senhora estiver aqui. É impossível publicarmos. É muito perto, a senhora se arrisca demais — disse a ela, recebendo de volta uma gargalhada como resposta.

Dona Vitória emendou:

— Primeiro, eu não sou senhora, ô menino. Depois, não tenho medo deles, não. Eu sei o que estou fazendo. Quero que eles saiam daí. Não sou eu que tenho de abandonar a minha casa. Não sou nenhuma fugitiva.

Dona Vitória dizia que não tinha medo, mas só me deixava chegar à janela quando esta estava fechada, com a persiana abaixada. Mostrou como era perto o local onde funcionavam a boca de fumo e a área destinada aos usuários de cocaína e maconha. Essa parte era a mais próxima de seu apartamento. Funcionava como uma espécie de playground dos viciados, que ainda contavam com um quiosque na Ladeira, onde ficavam bebendo, perto do ponto de venda.

Saí da casa de Dona Vitória com a cabeça confusa. A visita começou a transformar o que eu pensava até aquele momento sobre a história dela. Minha vontade era publicar o mais rapidamente possível a reportagem, mas percebi que isso seria impossível. Percebi ainda que não tinha conhecido um personagem, como chamamos as pessoas que dão entrevistas. Conheci naquela tarde um ser humano, uma cidadã, que desde pequena teve seus direitos violados. Já idosa, Dona Vitória também continuou sendo violentada e desrespeitada não só pelos traficantes da Ladeira dos Tabajaras, mas pela sociedade, pelo Estado e pela maioria dos agentes públicos que ela procurara pedindo socorro.

Voltei deprimido para a Redação, com a lembrança daquele encontro. Poderia parecer que eu estava tirando proveito da situação dela. O contato com os objetos pessoais e a arte que Dona Vitória produzia me fez refletir sobre até que ponto ela sabia da repercussão que a matéria poderia ter. Eu tinha a convicção de que sua vida não seria mais a mesma. Mas perdia a certeza de que o melhor caminho para ela seria deixar aquilo para trás.

Aos poucos esse sentimento foi amenizando, enquanto minha proximidade com a aposentada só aumentava. Passei a ligar para ela quase diariamente, no fim da tarde. Respeitava esse horário, pois Dona Vitória gostava de tirar um cochilo entre 14h e 16h. O início do papo era sempre sobre como ela tinha passado o dia, e só depois tratávamos dos detalhes da reportagem. As negociações não andavam. Os telefonemas duravam até uma hora. Havia dias em que ela não estava tão disposta a ouvir. Queria uma solução rápida para seus apelos e achava que nós deveríamos acatar o que pedia: publicar a reportagem mesmo sem ela se mudar.

— Pode publicar, estou autorizando. Não aguento mais isto aqui. Eu assumo a responsabilidade — esbravejava.

Eu ignorava esses rompantes e tentava mostrar que a vida dela nos importava mais que a notícia em si.

Em setembro, fiquei quinze dias sem falar com Dona Vitória. Estava em Pernambuco. Numa parada em Porto de Galinhas, comprei-lhe uma lembrança. Quando voltei, entreguei a ela uma galinha de artesanato, símbolo da região. Ela confessou que gostaria de conhecer o balneário, e conversamos sobre amenidades. Dona Vitória me falou sobre as imagens que tinha feito, nada muito bom. Os traficantes continuavam escondidos numa viela no alto do morro.

A intransigência de Dona Vitória contribuiu para o esfriamento dos contatos. Minhas atribuições diárias na Redação e a estagnação das negociações foram responsáveis por um afastamento natural. Antes, porém, ela chegou a propor o seguinte:

— Eu fico aqui dentro, escondida. Compro mantimentos para uns três meses e digo ao porteiro que vou viajar. Não saio, nem chego na janela. Assim não tem perigo, ô menino. Mas eu quero que você publique isso. Estou falando que você não precisa se preocupar.

Nós seríamos totalmente irresponsáveis se compactuássemos com uma ideia daquelas.

Quando outubro chegou, já não nos falávamos com tanta frequência. Ela parou de me ligar, e eu também não insistia mais. Achei melhor deixar o tempo atuar. Era a minha esperança que ela mudasse de ideia. A rotina no jornal me ocupava, mas, quando chegava em casa, não parava de pensar no que poderia acontecer. Nesse período, ela me cobrava um resultado que eu não poderia dar. Assim como ela, eu achava que a história não só merecia destaque nas páginas dos jornais, como um documentário e um livro. Propus a Dona Vitória escrever sua história. Falávamos muito sobre o tempo. Divagávamos sobre seu poder de sempre nos provar que nada acontecia fora do momento certo. Difícil é entender o significado do tempo quando passamos por períodos difíceis.

O tempo recompensou Dona Vitória muitas vezes, mas nunca sem luta. Na história que escrevemos juntos, não foi diferente. Pensávamos a mesma coisa sobre isso. Expliquei que a paciência seria recompensada um dia, e todos tomariam conhecimento dela.

Apesar de nossos papos terem se tornado raros, Dona Vitória não parava de filmar. Ela estava se expondo cada vez mais. Chegava a xingar os viciados que insistiam em consumir drogas em frente à janela de seu apartamento. A aposentada confessou, numa de nossas conversas, que às vezes ficava enfurecida com os consumidores. Partia, então, para o ataque. Municiada de pedras, jogava-as em quem se arriscava a cheirar uma carreira de pó ou a fumar maconha diante dela. Uma vez, o vizinho da casa em frente foi reclamar no prédio.

— Ele disse que eu ia acabar machucando alguém, que era um absurdo. Respondi que absurdo era ele deixar esses viciados sem-vergonha ficarem cheirando em frente à porta dele.

Depois de discutir com o vizinho, deixou as pedras de lado. Pensou melhor e concordou que poderia machucar alguma criança. Não queria. Decidiu mudar de arma. Abandonar a luta contra os viciados jamais. Comprou dezenas de sacos plásticos e passou a enchê-los com água. Quando avistava alguém cheirando, arremessava sem piedade. As bombas de água eram acompanhadas por vários xingamentos.

Mas nem sempre ela partia para a guerra. Resolveu comprar apitos. Passava boa parte do tempo vago a observar os usuários e danava a apitar quando alguém começava a preparar um cigarro de maconha ou uma carreira de pó para cheirar. Alguns nem ligavam. As cenas foram filmadas por Dona Vitória. Para ela, os viciados eram os principais responsáveis pelo aumento da violência.

## 14. O reencontro

O senso jornalístico, aliado a uma tensa e constante preocupação com Dona Vitória – sentimento que me acompanhou de outubro de 2004, mês em que tive o último contato com a aposentada, até abril de 2005 –, foi o responsável pela retomada das negociações com ela. Antes, porém, me reuni com os editores do *Extra* e expliquei a minha vontade de publicar a reportagem. Falei ainda sobre o que nós já havíamos conseguido até aquele momento, as fitas, as duzentas imagens selecionadas, a narrativa dela já transcrita. Mas o principal e inegociável detalhe para que publicássemos a matéria continuava sendo um só: a segurança de Dona Vitória.

A reunião foi o pontapé para o início de uma nova jornada de negociações. Na realidade, não era o recomeço de uma história interrompida, mas o começo do trabalho.

Eu estava animado com a possibilidade e, ao mesmo tempo, tinha medo. Para começar de novo, precisava falar com Dona Vitória. Hoje, acho que o que eu senti naquele momento não foi só medo, mas vergonha. Sentia que a havia abandonado. Lembrava de nosso primeiro encontro, em 2004. Ela comemorava sem o menor constrangimento ou vergonha o fato de ter me conhecido. Dona Vitória acreditava que eu e o jornal seríamos seus representantes — e não faríamos como as autoridades, que não ouviram seu pedido de socorro.

Esperei alguns dias até tomar coragem e telefonar. Aproveitei o período para pegar um relatório na Cinpol sobre os traficantes da Ladeira dos Tabajaras. Temia que ela estivesse muito decepcionada comigo e não quisesse mais fazer a reportagem.

Cristina, minha mulher, me fez ver que eu não poderia ter obrigado Dona Vitória a deixar seu apartamento na primeira vez. Percebi que tinha razão. Lembrei que, pouco antes de nos afastarmos, ela ligava cobrando uma posição da Redação com relação à sua proposta, que era publicar a reportagem com ela escondida no próprio imóvel. Para nós, tal possibilidade nem chegou a ser cogitada. O impasse e a situação de estresse em que ela vivia contribuíram para que as cobranças aumentassem. Dona Vitória não tinha paciência para esperar o melhor momento, nem cedia nas negociações. Ligava enfezada e deixava recados na secretária eletrônica do meu telefone celular.

Acordei decidido a ligar para ela, e foi o que fiz assim que cheguei à Redação. Telefonei e, no terceiro toque, ela atendeu. Eu me identifiquei e esperei uma reação hostil. No pouco tempo que convivi com ela, deu para perceber que a aposentada falava o que sentia, o que pensava. Foram quase seis meses de separação até aquele telefonema. Para minha surpresa, falou comigo como se o hiato entre nossa última conversa e aquele momento não tivesse ocorrido. Ela ainda teve bom humor e brincou:

— Oi! Você, hein, menino?! Quanto tempo! Estava sumido... — disse ela, eufórica.

— Abandonei a senhora, né, Dona Vitória? Desculpe por ter ficado tanto tempo sem ligar. Mas estou telefonando agora para dar uma boa notícia: vamos retomar a reportagem. Isso se a senhora quiser, claro — respondi, sem graça.

— Deixa para lá, menino, vamos esquecer o que passou. Vamos recomeçar. Esses traficantes malditos não têm ficado aqui, não. Estão escondidos lá em cima. Botei para correr daqui. Agora fica um monte de viciado aqui na porta — contou.

— Quero saber se a senhora está disposta a fazer a reportagem, mas aceitando as mesmas condições de antes. A senhora não vai poder ficar aí — ressaltei.

— Tudo bem. Vamos conversar, então.

— A senhora continua filmando?

— [Risos] Claro, né, ô menino! Tem um monte de viciado safado, porque os traficantes estão com medo de mim.

— Então, vamos combinar um dia para eu ver esse material.

Conversamos mais um pouco sobre amenidades. Quis saber se ela havia acabado de pintar a tela de São Jorge que iniciara mais de um ano antes. O quadro estava pronto. Terminar aquela obra era um símbolo que somente eu e ela sabíamos o quanto significava. O período que levou para pintar o santo foi de angústia e sofrimento. Dona Vitória tentava, mas a preocupação com os traficantes não permitia que ela conseguisse. Ela bem que insistiu, porém nem mesmo o cantinho perto da janela podia usar mais. Tinha medo de uma bala perdida. O drama dessa tela mereceu destaque especial nas filmagens feitas por ela.

No dia seguinte, fui até seu apartamento para acertar as condições de publicação da matéria. Fui recebido por Dona Vitória, que se esforçava para sorrir. A alegria era uma de suas características mais marcantes. Senti, porém, que algo estava diferente com ela, que tinha certo ar de melancolia, tristeza. A aposentada fazia de tudo, entretanto, para não deixar transparecer isso. Fiquei preocupado e triste ao mesmo tempo. Queria encontrar a boa e velha Dona Vitória, mas percebi que não era possível, pelo menos naquele momento. Perguntei a ela se estava doente, queria saber o que sentia.

— Estou bem, mas cansada. Minha saúde está boa, mas não aguento mais viver nesse estado de nervos, preocupada, e ninguém nem aí. O trabalho que estou fazendo não é mole, não — disse ela.

A mulher forte não se permitia demonstrar sinais de uma suposta fraqueza. Gostava de dizer que sua saúde era de ferro porque se cuidava com ginástica diária. Impossível acreditar no que ela dizia. Antes de começar a conversa, Dona Vitória preparou o videocassete e colocou uma fita que eu ainda não havia visto. Ela gostava de falar enquanto seu trabalho passava na televisão. Ela via tudo com olhar de primeira vez, mas falava sobre aqueles personagens como se os conhecesse havia anos. Isso não chegava a ser absurdo, tendo em vista que vários daqueles traficantes armados e viciados eram frequentadores assíduos daquela boca de fumo. Era comum Dona Vitória interromper a conversa para tecer comentários.

— Olha só, crianças cheirando... Isso tem jeito, Fábio? Não é possível que ninguém veja isso. É um absurdo. Cadê o Juizado? Eles cheiram aqui e depois vão para a rua roubar — repetia, indignada.

A aposentada referia-se a uma das cenas mais impressionantes dos seus registros. Um grupo de menores, com idades que pareciam variar entre 6 e 16 anos, consumindo cocaína. O menor deles era um dos mais afetados pelo consumo da droga e mostrava destreza ao manusear o canudo e servir aos amigos. A imagem foi gravada na tarde do dia 28 de fevereiro de 2005, dia do meu aniversário.

Pedi a Dona Vitória que diminuísse o volume e depois tirasse a fita. Preferia assistir a tudo com calma. Isso ajudou a conseguir novamente a atenção da aposentada. Às vezes, a euforia dela em mostrar o que tinha conseguido atrapalhava o andamento da conversa, do que ainda era necessário acertar para dar o passo seguinte.

Naquele primeiro momento, só queríamos ter certeza de que ela ainda estava disposta a divulgar seu trabalho. Dona Vitória disse que não tinha desistido. Expliquei ainda que cada passo nesse processo de negociação só seria dado com o seu consentimento. Pedi um copo de água e falei sobre as fitas. Precisava pegar novas imagens, sobretudo as mais recentes. Sabia que as autoridades poderiam alegar que já havia passado muito tempo desde as primeiras filmagens.

Dona Vitória explicou que até aquele mês, abril, foram poucas as vezes em que conseguiu registrar cenas de traficantes armados naquela boca de fumo. Ela acreditava que os marginais estavam escondidos por medo dela. Eu sabia que não. É comum os traficantes mudarem de tempos em tempos o ponto de venda de entorpecentes. É uma forma de despistar os policiais que reprimem o comércio de cocaína e maconha. A perda de drogas e armas gerava prejuízos que, por vezes, o próprio "vapor", o responsável pela venda de drogas e pelo porte do armamento, era obrigado a pagar ao dono do tráfico.

As armas não apareciam, mas os usuários viraram os protagonistas das filmagens de Dona Vitória nos primeiros quatro meses de 2005. As filas para comprar pó e o consumo em frente à sua janela ganharam destaque.

Não foi difícil convencer a idosa a me passar mais sete fitas que ela tinha. Mas não deixou de fazer uma série de recomendações sobre o cuidado que eu deveria ter com o material. Diante de tanta insistência, decidi aliviar a preocupação de Dona Vitória:

— Para a senhora ficar mais tranquila, vou deixar uma declaração dizendo que peguei sete fitas e que me comprometo a devolvê-las assim que fizer as cópias. Quando eu devolver, a senhora rasga esse documento — disse.

Sem esconder o alívio, Dona Vitória só me entregou as fitas quando assinei a declaração. Detalhei o material que levava, coloquei meu nome completo, matrícula e assinei embaixo. Quando devolvia as fitas, ela me entregava o documento, que eu rasgava em seguida. Essa prática só deixou de ser necessária ao final do trabalho. Nas últimas semanas que passei com ela, descobri o quanto Dona Vitória era desconfiada. Antes de ela devolver a declaração, tirava uma cópia e guardava. Foi a forma que ela encontrou de não perder a prova de que eu havia pegado as fitas. Quando vi uma dessas cópias no chão do seu apartamento, não aguentei e comecei a rir. Sem graça, ela tentou explicar que o procedimento era uma precaução caso perdesse o papel original. Achei engraçado, mas entendi sua atitude. Dona Vitória passou a vida sendo enganada.

## 15. A Secretaria de Segurança entra no caso

O primeiro encontro fora positivo. Cheguei ao jornal e fizemos uma nova reunião. O diretor de Redação, Bruno Thys, formou uma espécie de comissão para tratar do caso. Todos os encontros para decidir os rumos da matéria eram feitos com os editores-executivos Marlon Brum e Octavio Guedes e a editora de Cidade, Denise Ribeiro. Os resultados e as decisões prévias eram passados ao Bruno. Ele argumentava sobre as nossas considerações e apresentava alternativas para os impasses que surgiam.

Ter em mãos um dos mais contundentes relatos sobre o narcotráfico no Rio de Janeiro não causava na Redação uma desatinada vontade de publicar a reportagem. Apesar do investimento, sabíamos que havia até a possibilidade de a matéria não sair. A preocupação com o bem-estar de Dona Vitória foi levada em consideração a todo momento, principalmente porque seria preciso entrarmos em contato com as autoridades. Para nós, não interessavam apenas o estardalhaço e mostrar o absurdo do descaso dos agentes da lei com a aposentada. Isso ficava óbvio nas filmagens feitas por ela. A própria situação – a de um veículo de imprensa fazer ecoar o pedido de socorro nos ouvidos do mais alto escalão da segurança pública no Rio de Janeiro – já era esdrúxula. Queríamos ter certeza de que ela ficaria bem depois da publicação. Era necessário saber o que o Estado, o mesmo que lhe negou ajuda durante tanto tempo, tinha a oferecer.

Comecei ali a fazer um semanário da relação com Dona Vitória.

Depois de duas semanas de debates, decidimos que o melhor a fazer era marcar um encontro com o secretário de Segurança Pública, Marcelo Itagiba. E assim foi feito. No dia 9 de maio de 2005, eu, Marlon e Denise fomos ao gabinete do secretário. Depois de um breve bate-papo e uma rodada de cafezinhos, falamos sobre o material que tínhamos em mãos. Levei duas fitas e mais uma série de imagens que já havíamos capturado. Uma das gravações era dos menores cheirando cocaína. A segunda fita destacava o drama daquela senhora, que, por estar vivendo numa situação-limite, não suportava a pressão e ia às lágrimas. O soluçar de Dona Vitória revelava a angústia e o sofrimento, a decepção e o descaso das autoridades. Tocava lá no fundo. Era o ápice do absurdo.

O secretário assistiu aos trechos selecionados e ficou impressionado. Ele quis saber qual era o morro filmado por ela e o batalhão responsável pelo policiamento na área. Marcelo Itagiba não escondeu a cara de descontentamento quando soube que a região pertencia ao 19º BPM. A fisionomia parecia dizer que aquela unidade já vinha dando problemas. Ele retomou a conversa em seguida:

— Bem, como vocês querem que a Secretaria entre nessa história? Acredito que Dona Vitória não queira entrar no Programa de Proteção à Testemunha, pela idade dela... — disse Itagiba.

— O senhor acertou. Ela não quer deixar sua casa para entrar no programa porque ainda tem aquele conceito da "Casa da Testemunha". Mas acredito que ela concorde em deixar o imóvel pelo menos por alguns meses — expliquei ao secretário.

Marcelo Itagiba propôs, então, que Dona Vitória alugasse o apartamento pelo período de um ano. O contrato inicial seria de seis meses.

Ficou combinado que agentes da Subsecretaria de Inteligência (SSI) ocupariam o imóvel depois de sua saída. Itagiba fez contato com o responsável pela SSI, coronel Romeu Ferreira, e marcou nova reunião para o dia seguinte. Ficou combinado com o secretário que qualquer operação policial na Ladeira dos Tabajaras só seria feita depois da saída da aposentada do apartamento, quando ela estivesse em segurança. Claro que essa condição estava relacionada às ações resultantes daquele trabalho de investigação, e não às incursões de rotina.

Saímos satisfeitos do encontro. A firmeza do secretário, que não politizou o caso de Dona Vitória, deixou-nos confiantes de que havíamos feito a escolha certa. O respeito dele à integridade física da aposentada também foi importante para continuarmos a trilhar o longo caminho até conseguir levar segurança para Dona Vitória.

O próximo passo era levar a proposta à idosa. No dia seguinte, às 16h30, cheguei ao seu apartamento. Ela acabara de acordar e estava ansiosa para saber detalhes do encontro com o secretário. Finalmente seu pedido de socorro fora ouvido. Dona Vitória passou um café fresquinho e colocou um prato com biscoitos recheados na mesa.

Expliquei a proposta de aluguel do apartamento. Ressaltei que, até aquele momento, era a única possibilidade de ela sair com segurança. Estava apreensivo com a resposta, mas fiquei surpreso quando Dona Vitória disse que aceitava deixar o local onde morava havia 38 anos.

Reuni-me com Denise, o coronel Romeu e dois majores da SSI. Acertamos os detalhes da participação de cada um no episódio. Respeitaríamos o tempo deles de investigação para que fosse possível identificar os criminosos filmados. Daríamos mais quinze dias de prazo depois da saída de Dona Vitória do imóvel para que os agentes pudessem organizar os detalhes da operação. Entretanto, a SSI teria de respeitar o compromisso de só fazer a incursão na Ladeira dos Tabajaras no mesmo dia em que a reportagem fosse publicada. O coronel Romeu terminou a reunião batizando aquele trabalho de "Operação Tabu". Dois majores ficaram responsáveis pelo encaminhamento do caso.

Mais um obstáculo tinha sido vencido. Marcamos nova reunião, dessa vez com a presença de Dona Vitória, para o dia seguinte. Peguei-a em casa, às 13h30. Dona Vitória, eu e Denise tínhamos um encontro na SSI com os dois majores. Chegamos ao 12º andar do prédio onde ficava a antiga sede da Secretaria de Segurança Pública, na Avenida Presidente Vargas, no Centro. Como das outras vezes, o carro usado para ir até a casa dela não tinha o logotipo do jornal, uma forma de preservar e garantir a segurança da aposentada.

Dona Vitória relatou para os policiais e uma delegada que também participou do encontro um pouco de sua história de vida e de como estava a atuação do tráfico em frente à sua janela. Os agentes montaram uma "história cobertura", fictícia, para justificar a saída da idosa do apartamento. Eles acertaram o valor do aluguel em R$ 400,00 por mês para um período inicial de meio ano. Com esse valor, era possível alugar um imóvel em outra região da Zona Sul, como Glória e Catete, bairros onde Dona Vitória passou a procurar imóveis para alugar por temporada. Ficou decidido que a oferta do imóvel seria feita por meio dos classificados do *Extra*. Depois de tudo acertado, corremos para a Redação, e o motorista do jornal levou Dona Vitória em casa. Conseguimos colocar o anúncio já para o dia seguinte, uma sexta-feira, 13 de maio, dois dias antes de a aposentada completar 80 anos.

Nesse mesmo dia foi publicada no Boletim Interno da Polícia Militar a transferência do então comandante do 19º BPM, tenente-coronel Dario Cony dos Santos, para o RPMont (Regimento de Polícia Montada Enir Cony dos Santos). A mudança ocorreu dois dias depois de termos falado com Itagiba. A transferência ganhou forma de movimentação rotineira nos quadros da PM, pois outros dois comandantes foram trocados de unidade. Todos na área de segurança negaram que a ida de Cony para um batalhão em Campo Grande, depois de ele ficar mais de dois anos em Copacabana, fosse uma punição. Alguns chegaram a divulgar a versão de que era um prêmio para o oficial, já que o RPMont levava o nome do pai do tenente-coronel.

Avisamos os policiais e Dona Vitória. Esperamos o dia seguinte para ver o resultado: a procura pelo apartamento. Mas não havia necessidade de esperar algum candidato. Na realidade, a aposentada não queria alugar o apartamento. Tinha medo de o inquilino não arcar com as despesas, como condomínio. Quem iria ocupar o apartamento por poucos dias era um casal de policiais. A visita deles como possíveis interessados estava marcada para a tarde. Com tudo acertado, também segui para a casa de Dona Vitória.

O encontro com o casal de policiais ajudou a aposentada a rever alguns conceitos. Quando aceitou deixar seu apartamento para morar de aluguel em outro lugar, Dona Vitória colocou algumas condições que acabaram restringindo a possibilidade de encontrar um novo lar em tempo hábil. Ela só aceitava se mudar para algum bairro da Zona Sul. Mesmo assim, ela só queria ir para o Leme, Copacabana, Ipanema ou Leblon. Depois de algumas horas de bate-papo com os policiais, já tinha aceitado incluir na lista de opções outros bairros, como Flamengo, Botafogo, Catete e Glória. Zona Norte nem pensar. Fiquei contente e aliviado. Depois de muita conversa e discurso acertado, os policiais foram embora.

## 16. Classificados

Encomendamos flores, que seriam entregues no dia em que ela completaria 80 anos de vida.

Dona Vitória se emocionou ao receber o presente, ligou e agradeceu o carinho. Disse que iria à igreja. Avisou que levaria as flores para oferecer aos santos de devoção. Antes, porém, fez questão de ressaltar como aquele dia estava bonito, especial. Realmente estava. O azul do céu e a insistência da lua, que ainda se fazia presente naquele cenário nas primeiras horas da manhã, pareciam ter sido um presente para ela. Naquele dia, ela só viu a beleza pela janela de seu apartamento. Fez questão de registrar isso com a câmera.

Mas a pressa e a euforia nos impediram de enxergar outros problemas. As dificuldades se revelaram quando começamos a procurar um novo lar para a aposentada. Passei o fim de semana seguinte, o mesmo do aniversário dela, procurando apartamentos nos classificados.

O que parecia mais fácil revelava-se um empecilho. Os valores e as ruas não satisfaziam aos interesses dela. Busquei alternativas na internet, principalmente nas seções de imóveis para temporada, mas eram muito caras. Peguei Dona Vitória em casa dois dias depois e fomos procurar apartamento. A primeira parada foi numa quitinete na Glória.

O preço era bom, condomínio razoável, mas nem cozinha havia no imóvel. Desistimos e seguimos para outro no mesmo bairro.

O segundo apartamento parecia ter sido feito sob medida para a aposentada. Era amplo, andar alto, dividido em quarto e sala, tinha uma pequena cozinha e um banheiro imenso. Até ar-condicionado o proprietário havia deixado no local. Dona Vitória ficou maravilhada. Liguei para a administradora na mesma hora. Pedi que reservasse o imóvel, mas a resposta da secretária da empresa foi um balde de água fria.

— Já temos uma pessoa que viu o imóvel, ficou interessada e trouxe alguns documentos, mas ficaram faltando outros. Vocês podem trazer toda a documentação necessária aqui no Méier, ainda hoje — explicou a funcionária.

Eram quase 16h, e a imobiliária fechava às 17h30. Ainda teríamos de passar em Copacabana para pegar outros documentos, mas acabamos desistindo porque não daria tempo. Seguimos correndo para o Méier. Ainda eufóricos, fomos fazendo planos no carro. Chegamos ao escritório a tempo. Entregaram uma ficha de proposta de aluguel para preenchermos. Apenas nesse momento nos lembramos de um detalhe essencial: o fiador. Para conseguir alugar o apartamento, ela teria de apresentar um fiador ou pagar o seguro-fiança. Nesse caso, Dona Vitória deveria comprovar uma renda três vezes maior do que a registrada no contracheque. Ela ficou irritada, e eu ainda tentei argumentar. A aposentada tentava explicar que ainda fazia massagens e ganhava dinheiro para complementar a renda. Mesmo tendo um imóvel em seu nome, Dona Vitória não poderia ser a própria fiadora. Mas ela não compreendia e continuava a resmungar:

— Como é que pode isso? Acham que vou dar calote? Eu vou pagar, tenho dinheiro. Isso porque é com gente de bem, quando é pilantra, consegue. Mas uma pessoa que trabalhou a vida inteira, não. E eu ainda tenho meu imóvel.

Voltamos a Copacabana desanimados, tristes e cansados. Aquela correria e tensão estavam esgotando a idosa, que tinha uma rotina bem diferente da que vivia naqueles dias.

Na hora não percebemos, mas depois passamos a refletir e conseguimos enxergar que a escolha do aluguel era só um paliativo para o problema. Antes de chegar a essa conclusão, porém, insisti na procura do apartamento. Mesmo sem a autorização de Dona Vitória, passei a ver ofertas de aluguel na Zona Norte. Encontrei um que atendia às características desejadas. Decidi visitar sozinho o imóvel, situado no Grajaú. Antes de falar com ela, precisava ter certeza de que o local era bom, longe de favelas. O apartamento era amplo, com uma sala espaçosa e um quarto com armário embutido. A cozinha e o banheiro possuíam espaço digno. Poderia ainda ser alugado para temporada, ou seja, não precisava de fiador. Animado com a descoberta, liguei para ela. Tinha como missão conseguir convencê-la, mais uma vez, de que o lugar era bom.

— De jeito algum, menino. Não quero e não vou. É muito longe da Zona Sul. Como é que eu vou trabalhar? Tenho clientes que atendo muito cedo. Assim vou ter de acordar de madrugada. Não quero — repetia, enfezada.

## 17. E o futuro?

Os percalços da procura do apartamento me levaram a pensar em outras questões. Alugar o imóvel para a polícia era uma boa solução, mas provisória. Como seria a vida de Dona Vitória quando acabasse o contrato de locação? Como ela conseguiria arcar com as despesas do imóvel fechado?

Já estava claro que, depois da publicação da reportagem, ela jamais poderia voltar ao apartamento.

O Programa de Proteção à Testemunha era, de fato, a única opção. Foi um dos momentos mais difíceis da negociação. Ela já havia cedido outras vezes, o que era surpreendente para uma pessoa tão determinada, mas eu não acreditava que aceitasse novas sugestões. Depois de passar um fim de semana angustiado com a situação, decidi ter uma conversa séria com ela.

Disse a Dona Vitória que não podíamos ficar nos enganando e que a alternativa do aluguel seria inviável. Durante a procura, ela chegou a pedir que eu fosse seu fiador, mas eu não atendia às exigências feitas pelas imobiliárias, principalmente porque morava de aluguel. O Estado também não seria fiador, e o jornal não poderia interferir nessa parte. Ela ouviu com atenção e paciência. Naquele dia, Dona Vitória estava calma e quase não me interrompeu. Parecia concordar com as minhas considerações.

Fui muito claro. Falei-lhe da minha preocupação com seu futuro. Mesmo que tudo desse certo, em poucos meses ela poderia ficar desamparada, sem lugar para morar, a não ser o próprio apartamento. Expliquei os perigos que ela corria e apresentei o último recurso: o ingresso no Programa de Proteção à Testemunha.

Mais uma vez fiquei surpreso com sua reação. Dona Vitória não rejeitou a proposta e ainda pediu detalhes sobre o funcionamento do serviço. Falei o que eu sabia, muito pouco. Ela concluiu:

— Então, menino, você faz o seguinte: marca com as pessoas do programa ou com alguém que entenda como ele funciona para me explicar tudo direitinho. Eu tiro as minhas dúvidas e depois a gente vê.

## 18. O Programa de Proteção à Testemunha

Apressei-me em ligar para um dos oficiais da SSI que acompanhavam o caso. Perguntei se ele poderia agendar uma entrevista de Dona Vitória com alguém ligado ao programa. Ele acertou os detalhes, e na mesma semana fomos ao Ministério Público Federal, no Centro do Rio.

O procurador-chefe Leonardo Cardoso de Freitas, que também era membro do Conselho Gestor do Programa de Proteção à Testemunha, nos recebeu. Ele explicou como funcionava o serviço e, em seguida, encaminhou Dona Vitória para a primeira entrevista com o grupo de pessoas responsáveis pelo seu ingresso no programa.

Não pude participar da reunião. O procurador explicou que, por questões de segurança, os funcionários não tinham contato com jornalistas e estavam apreensivos com a minha presença no Ministério Público. Apesar de eles já operarem o serviço desde 2002 e de terem colocado 62 pessoas sob proteção do Estado, era a primeira vez que um repórter fazia o encaminhamento de uma testemunha, de uma vítima, ao programa.

Entendi a preocupação e aguardei o fim do encontro. A conversa durou mais de uma hora, e só voltei para buscar Dona Vitória. Ela saiu cansada, mas satisfeita com as pessoas que conheceu. Não perguntei sobre o que tinham falado nem para que locais ela poderia ser levada.

Respeitamos a medida de segurança imposta pelos gestores do programa. O procurador Leonardo havia explicado que a conversa seria uma espécie de entrevista com a aposentada.

O procurador quis conversar conosco novamente antes de irmos embora. Marcou uma reunião com um promotor do Ministério Público estadual para a semana seguinte. Leonardo Cardoso ressaltou que era necessário o procedimento para o ingresso de Dona Vitória no Programa de Proteção à Testemunha. Com a ida dela ao MP, um inquérito policial seria instaurado, e uma delegacia ficaria responsável pela investigação das denúncias. Ao final, ele frisou que era preciso pensar bem antes de ir ao MP, pois ali começaria a ação de investigação, que não poderia ser interrompida.

No carro a caminho de casa, em Copacabana, Dona Vitória não se cansou de agradecer a Deus pela oportunidade que estava tendo. Dizia que Ele só colocava pessoas boas em seu caminho. Comovida e feliz, ela pegou um terço que carregava na bolsa e perguntou se podia rezar.

— Vocês se incomodam se eu rezar um pouco para agradecer essas coisas boas que estão acontecendo na minha vida? — perguntou, já com o crucifixo na mão.

Mais uma etapa havia sido vencida. Entretanto, outra questão precisava ser resolvida. Os funcionários do programa pretendiam levar Dona Vitória no mesmo dia, mas ela não aceitou. A aposentada não queria deixar o imóvel vazio, abandonado, gerando despesas. Primeiro, precisava vender o apartamento. Só depois aceitaria a proteção do Estado.

O desânimo voltou na mesma hora. Como prever o tempo que ela levaria para conseguir vender o apartamento e se mudar de lá? Era impossível. Causava angústia ela não compreender que aquilo poderia lhe custar a vida, até mesmo porque ela não parava de filmar a ação dos marginais em frente à sua janela. A rede de proteção não ajudava nem intermediava a negociação de venda do imóvel. Essa condição foi explicada tanto pelo procurador quanto pelo grupo que a entrevistou.

Eram 14h30 quando chegamos ao prédio do Ministério Público estadual e fomos recebidos pelo promotor Alexandre Murilo Graça. Na ocasião, ele era o responsável pelo Grupo de Apoio Operacional do MP. Quando soube que eu era jornalista, o promotor disse secamente:

— Eu não recebo nem falo com jornalista.

Respondi de imediato:

— Acho que dessa vez o senhor vai ter de me receber e escutar a história.

Alexandre Graça ouviu pacientemente a história de Dona Vitória e colheu seu depoimento. Passamos a tarde na sala dele, apesar da impaciência da aposentada, que não suportava mais a maratona em que vivia. Acostumada a dormir todas as tardes, já fazia alguns dias que não contava com seu descanso. Estava cansada.

O promotor arrumou toda a documentação e fez contato com o coronel Romeu, da SSI, que indicou uma delegacia para cuidar do caso: a 12ª DP (Copacabana). Alexandre Graça ligou ainda para uma pessoa do Programa de Proteção à Testemunha e avisou sobre o encaminhamento da aposentada. Por coincidência, ele conversou com a mesma mulher que entrevistou Dona Vitória uma semana antes. Só saímos do MP quando o promotor conseguiu falar com a delegacia de Copacabana. Ele avisou que uma senhora iria procurá-los naquele dia com o seu pedido de instauração de investigação.

Dona Vitória ficou incomodada com a escolha da delegacia. Tinha medo de que a denúncia vazasse, por causa da proximidade com a Ladeira dos Tabajaras. Recordou-se da época em que registrou a denúncia formal naquela distrital e nada foi feito. É verdade que a direção e vários policiais daquela unidade já haviam sido transferidos, mas ela não era obrigada a saber desses trâmites burocráticos. Para a aposentada, o que importava era o fato de os traficantes continuarem desfilando na ladeira, armados e vendendo drogas. Tudo isso sem repressão alguma.

Mudando ou não a administração da delegacia distrital, a feira das drogas continuava ocorrendo.

Chegamos à 12ª DP no início da noite. Depois de esperar alguns minutos, fomos recebidos por dois delegados e um inspetor. Reunimo-nos na sala do delegado, que fica no segundo andar do prédio. O início da conversa foi conturbado. O fato de Dona Vitória e eu termos sido recomendados por cima, ou seja, pela Secretaria de Segurança Pública e pelo Ministério Público, não agradou aos policiais.

Na tentativa de preservar a aposentada, que àquela altura só se queixava do cansaço e dizia que queria ir embora, tive de intervir. Interrompi a conversa e as primeiras explicações que ela dava. Passei a relatar todos os caminhos que Dona Vitória já havia percorrido até a parte em que comecei a acompanhar sua história. Interrompendo o meu relato, uma policial disparou:

— Aqui ela não veio mesmo, porque se tivesse nos procurado nós resolveríamos — disse, irritada.

Respondi que ela já havia feito o registro em agosto de 2002, mas não surtiu efeito. A policial emendou:

— Mas aí não era a gente que estava aqui. Foi com outra equipe.

A justificativa parecia redimir ou minimizar a responsabilidade da delegacia no combate ao tráfico na Ladeira dos Tabajaras, que nunca parou de funcionar. A situação era absurda e, ao mesmo tempo, constrangedora. Como fazer os policiais entenderem que ali estava uma cidadã que tinha o direito de não conviver com traficantes armados ameaçando sua vida, a de seus vizinhos e a dos próprios moradores do morro? Se isso acontecia – ou seja, se Dona Vitória estava ali relatando que, desde dezembro de 2003, ela filmava os traficantes dia e noite –, era porque o Estado não estava presente, a polícia não estava fazendo o seu trabalho. E, nesse caso, a Polícia Militar, responsável pelo policiamento ostensivo, tinha culpa, e a Polícia Civil, que deveria promover ações de investigação e inteligência para prender esses criminosos, também havia falhado.

Depois de uma conversa acalorada, conseguimos mais uma vez relatar o que levava aquela senhora de 80 anos ali. Dona Vitória prestou novo depoimento e chegou a reconhecer por fotografia um dos bandidos do morro, chamado de Sagui. Saímos da delegacia quase às 20h, com o compromisso de que ela levaria as fitas que já tinha copiado e as fotografias dos criminosos impressas e em formato digital. Deixei a aposentada em casa e voltei para a Redação.

Os policiais decidiram usar um inquérito já aberto sobre a Ladeira dos Tabajaras. Essa investigação fora escolhida porque já havia um bandido preso. Com ele, apreenderam um telefone celular, que também funcionava como radiotransmissor. Na memória do aparelho constava uma agenda com vários números de telefones utilizados pelos marginais que faziam parte da boca de fumo da favela. Eles anexaram o depoimento, o auto de reconhecimento de Sagui feito por ela, as imagens dos bandidos e o pedido de encaminhamento de Dona Vitória ao Programa de Proteção. Os delegados requisitaram, então, a quebra do sigilo telefônico e a interceptação de algumas linhas à Justiça.

No entanto, o ingresso no Programa de Proteção à Testemunha teve de esperar.

## 19. Como vender uma janela para o crime

Para quem está de fora, parece loucura que uma senhora tão idosa tenha ido tão longe e agora se apegasse ao apartamento. Ela tinha sido bem clara: só ingressaria no Programa de Proteção à Testemunha depois que vendesse seu imóvel.

Afinal, entrou naquela briga porque seu único bem havia se desvalorizado muito; de Paraíso se transformara em Inferno. O apartamento em Copacabana, a grande conquista de sua vida, não seria simplesmente abandonado. Queria vendê-lo.

Ainda haveria mais um longo caminho a ser percorrido.

Fez contato com uma imobiliária e acionou o porteiro do prédio. O porteiro, por sinal, mostrou-se mais eficaz do que os classificados dos jornais. Para cada vizinho que passava, ele comentava que havia um apartamento à venda. O corretor, por seu turno, colocou uma série de dificuldades e pouco fez para vender o imóvel. Levou apenas três clientes para visitá-lo. Quando Dona Vitória ligava para a imobiliária, ele nem atendia.

No entanto, duas semanas depois de anunciar no "classiporteiro", em meados de junho, ela já havia recebido várias pessoas interessadas na compra. Uma delas já tinha até morado no prédio e queria voltar.

Pediu que a aposentada não anunciasse mais o apartamento e prometeu fechar negócio.

Parecia bom demais para ser verdade. Um comprador com vínculo no local, que já conhecia o problema do tráfico e mostrava-se disposto a pagar quase o valor pedido. É verdade que ele se aproveitou da urgência para conseguir um desconto. Mesmo assim, a notícia era boa. Mal fechou o acordo de boca com o futuro comprador, Dona Vitória me ligou:

— Arrumei um comprador para o apartamento. Não te falei, menino, que as coisas acontecem no seu tempo? — comemorava.

Mas compra de apartamento não se faz de modo tão rápido. Enquanto o negócio não era fechado, ela continuava filmando.

Nesse período, passei a frequentar sua casa com mais assiduidade, eventualmente duas ou três vezes por semana. Queria acompanhar de perto cada passo nas negociações do apartamento. Apesar de ela não ser fácil de enganar, temia que alguém pudesse lhe dar um golpe.

Eu só podia visitá-la no final da tarde. Dona Vitória acordava cedo todos os dias, entre 5h e 5h30. Fazia ginástica, tomava banho, comia biscoito e bebia café com leite. Duas vezes por semana, saía para trabalhar – ainda fazia massagem em alguns poucos mas fiéis clientes. Voltava no início da tarde, porém não almoçava. Dizia que não gostava de comer, tinha preguiça. Por volta das 13h30, ela arrumava a cama e tirava um cochilo até as 16h. Fazia isso quase todos os dias, quando não tinha compromisso. Só quebrava a rotina com as filmagens. Até eu tinha de respeitar essa dormidinha dela.

Marcava o encontro, então, para as 16h30, pois ela já teria despertado. Às vezes, Dona Vitória deixava o porteiro avisado, dizia que eu era o sobrinho dela. Por gostar do escuro, quase não acendia as lâmpadas do apartamento. Quando a noite começava a cair, ligava um abajur que ficava ao lado do sofá, local onde eu sempre sentava. Meu lugar era em frente à televisão, e o dela, à minha esquerda, numa cadeira. O local marcado era para eu poder assistir às gravações mais recentes. Era comum eu ver os bandidos também. Mas só podia chegar à janela quando Dona Vitória abaixava a persiana. Ela se sentia mais segura assim. Não queria correr o risco de alguém me ver.

Certa vez observei um casal de jovens subindo em direção ao morro. Menos de cinco minutos depois, eles voltaram. Pararam em frente à janela do apartamento. Fiquei observando a menina, que rapidamente abriu o sacolé de cocaína, despejou o pó em uma nota de dinheiro e com um canudo aspirou a droga de uma só vez. Passou o canudo em seguida para o rapaz que a acompanhava. Ele fez o mesmo. Naquele momento, pude me aproximar do sentimento de Dona Vitória, que era forçada a se habituar com aquilo. Isso sem falar nos bandidos armados no alto do morro. A pistola parecia um brinquedo nas mãos dos marginais, que ficavam assoprando o cano da arma, enquanto vigiavam as pessoas que passavam pela Ladeira dos Tabajaras ou subiam para comprar cocaína e maconha.

Depois de despacharmos as pendências e de conversarmos sobre as novidades que envolviam sua história, falávamos sobre nossas vidas, religião, família. Para acompanhar a conversa, ela fazia um cafezinho. Se as compras no supermercado estivessem em dia, era certo que serviria castanhas-de-caju, amendoim temperado ou apenas salgado. Normalmente, comíamos biscoitos recheados e wafer de chocolate ou baunilha.

As tardes eram ótimas, mas a visita não durava mais do que duas horas. Dona Vitória gostava de ver novela, principalmente a das 18h, *Alma gêmea*. Ficava encantada com a história de amor protagonizada pela personagem Serena. A personagem era a reencarnação de uma mulher apaixonada por um homem. Seu espírito voltara para poder reencontrar o grande amor. A aposentada era assim, acreditava que duas almas poderiam se reencontrar. Tínhamos isso em comum, eu também acreditava.

Ocasiões como essas aconteceram menos vezes do que eu gostaria. Mesmo assim, acredito que consegui passar para Dona Vitória a mesma felicidade que sentia quando estava com minha avó. Ela, por sua vez, parecia realizada por compartilhar uma refeição com aquele que poderia ser seu neto. Mesmo tendo vivido 80 anos, estou certo de que ela nunca teve essa sensação.

Nos encontros em sua casa, fui apresentado à família dela. Não pessoalmente, claro, mas por álbum de fotografias. Tive a oportunidade de ver até Dona Vitória ainda criança, ao lado da mãe e dos irmãos. Numa tarde, ela abriu o baú do tempo e passou a me mostrar os parentes e a contar histórias. A aposentada exibiu com orgulho a foto que tinha do irmão quando jovem. Era um caboclo forte, montado num belo cavalo. Foi domando cavalo bravo que ele conseguiu ajudar no sustento da família. Até a sobrinha, vencedora num concurso de beleza na Itália, conheci. Estava na tradicional fotografia de maiô, ao lado de outras duas concorrentes.

As tardes de conversa ajudavam a descontrair. Era a melhor forma que encontramos, mesmo sem querer, de fazer o tempo passar. Ajudava ainda a esquecer por um momento as pendências que tinham de ser resolvidas. Era o caso do apartamento. O comprador dependia do aval da Caixa Econômica Federal (CEF) para liberar o Fundo de Garantia. O processo demorou. Dona Vitória tirou as certidões referentes ao seu apartamento em cartório e juntou ainda outros documentos pedidos. Depois disso, o futuro proprietário afirmou que não demoraria nem um mês para o contrato de compra e venda ser assinado. Mas junho foi embora e, quando chegou julho, a Caixa pediu novos papéis. A aposentada dizia que estava com pressa. Inventara para o comprador que tinha viagem marcada. Ele lhe pediu um pouco mais de calma, pois também tinha interesse em resolver o assunto. O prazo aumentava.

O tempo parecia se arrastar, e Dona Vitória já demonstrava sinais de cansaço. Ligava diariamente para me falar que não aguentava mais viver ali. Certa vez, me telefonou no horário em que deveria estar cochilando. Falou, sussurrando, que havia uma briga num apartamento embaixo do seu. Segundo a aposentada, o rapaz era viciado em drogas e brigava sempre com os pais.

Controlar Dona Vitória nesse período foi difícil. Tive de me virar para convencê-la a não se expor mais. Ela não tinha papas na língua, e era comum que, durante a filmagem, danasse a xingar um viciado ou o próprio traficante. No dia em que saímos da delegacia, avisei que daquele momento em diante era melhor parar de filmar os bandidos. Queria que Dona Vitória só tivesse em mente a saída dela daquele apartamento. Mas foi impossível segurá-la. Confirmei o que havia percebido quando assisti às primeiras fitas: Dona Vitória dependia daquela missão para afastar a solidão.

A angústia, o medo e a apreensão eram maiores quando eu conversava com ela pelo telefone. Era comum, no meio da conversa, ela pedir que eu esperasse um momento. Passava, então, a xingar de sua janela viciados consumindo drogas. Ela usava seu apito também. Acreditava que colocava "todo mundo pra correr". Confesso que nesses momentos batia um desespero. Eu ficava do outro lado da linha gritando para ela parar, praticamente suplicava. Às vezes ela interrompia e voltava a falar, rindo da minha reação.

Os dois meses que antecederam sua saída do apartamento foram de trabalho contínuo nas filmagens. Ela insistiu tanto que conseguiu registrar, pela primeira vez, um traficante portando um fuzil. Dona Vitória comemorou o momento como se estivesse recebendo um prêmio. Eu também não acreditei quando ela contou. A idosa vibrava e agradecia a Deus. E não foi apenas um. Ela registrou outra cena, feita à noite, na qual apareciam dois criminosos. Um deles tinha outro modelo de fuzil. A arma parecia ser um fuzil HK-G3, calibre 7,62. A primeira aparição do armamento pesado naquela localidade foi em julho.

Em meados de julho, lembrei a Dona Vitória que era necessário apressar o comprador. Somente assim ele pressionaria o cartório para adiantar os trâmites do contrato. Nesse dia, ela me disse com a maior calma do mundo, num tom que acabou por profetizar o período em que permaneceria ali:

— Calma, menino. Ninguém mais do que eu quer que isso acabe. Eu não aguento mais viver aqui com minhas coisas todas desarrumadas, em caixas. Você acha que eu gosto dessa situação? É claro que não. Mas precisamos ter paciência. As coisas só vão acontecer no dia 23 de agosto.

Na hora eu ri e não acreditei. Achava que o desfecho da história de Dona Vitória aconteceria antes da data estipulada por ela. O tempo me provou o contrário. A vontade de colocar um fim naquele martírio não era só minha. Ela também queria isso. Desde que recebeu a proposta do comprador, Dona Vitória passou a se empenhar em deixar tudo pronto para sua saída do apartamento. Esvaziou alguns armários e colocou roupas de cama e objetos pessoais dentro de caixas. Desfez-se de uma escrivaninha antiga e de alguns quadros que pintou. Passava os dias embalando o que juntou durante 38 anos.

Eu ficava triste quando chegava ao apartamento de Dona Vitória e via que ela já não conseguia mais se organizar. Perdia as coisas dentro de casa e sofria com a confusão que estava sua vida. Para tentar minimizar os transtornos, eu passava a relatar todos os passos da matéria. Contava como andavam as investigações da polícia, levava as imagens que havia capturado das gravações feitas por ela. Tentava, com isso, mostrar que as coisas não estavam paradas e que em breve ela sairia dali para um novo lar.

Na tentativa de evitar que a aposentada ficasse indo ao Centro do Rio para ver o andamento dos dois processos que tinha na Justiça, passei a monitorar as movimentações judiciais das ações. A mais importante – e que estava diretamente ligada àquela situação – era o processo de indenização contra o Estado. O outro processo era contra o Instituto

Nacional de Seguridade Social (INSS). Ela pedia revisão de aposentadoria. Eu imprimia a movimentação e levava para ela.

Fomos levando a situação até o dia em que o comprador telefonou e deu a previsão da assinatura do contrato, que ele marcou para agosto. Só nos restava esperar.

## 20. Quebra de acordo

Julho parecia não ter fim. A tensão aumentava a cada momento, sobretudo pela demora na assinatura do contrato de compra e venda do apartamento.

A situação era completamente atípica. Dona Vitória tinha aceitado ingressar no Programa de Proteção à Testemunha, mas queria fazer as coisas a seu modo. Quem poderia repreendê-la por isso? Afinal, ela já havia perdido quase tudo. Não queria, agora, perder o único bem do qual dispunha. Estava prestando um serviço à polícia, à sociedade. Era injusto que fosse ela a fugitiva. Precisava vender seu apartamento para, ao menos, recomeçar a vida em outro lugar.

O problema é que, embora justíssima do ponto de vista de qualquer pessoa, a necessidade de Dona Vitória não cabia nos trâmites legais e burocráticos do programa. A investigação da polícia estava em andamento. E o respeito aos prazos necessários para que ela organizasse sua vida dependia, exclusivamente, de um acordo verbal.

Até o dia 21, eu acompanhava a investigação da 12ª DP a distância. Sabia que o trabalho estava evoluindo, inclusive com interceptações telefônicas. Estava com outras três fitas – já tinha deixado dezesseis na delegacia – e mais duzentas fotografias de bandidos para entregar na delegacia. Era necessário identificar os traficantes que apareciam nas imagens mais recentes.

No entanto, o que mais temíamos aconteceu. A parceria e o acordo de preservação da vida de Dona Vitória foram quebrados de um dia para o outro. Com o material fornecido pela aposentada, a primeira fase da investigação foi extremamente proveitosa. Os policiais conseguiram dezessete mandados de prisão temporária por tráfico de drogas e associação para fins de tráfico. E decidiram cumpri-los. Sem esperar que Dona Vitória saísse de seu apartamento.

Em 21 de julho, eles comunicaram a decisão de fazer, no dia seguinte, uma incursão na Ladeira dos Tabajaras. O juiz da 27ª Vara Criminal, Flávio Itabaiana, expediu ainda outros mandados de busca e apreensão nas casas usadas pelos traficantes na favela.

Antes de a operação ser marcada, a postura dos policiais já tinha mudado. Um dos inspetores me confidenciara que, para identificar os bandidos que apareciam nas filmagens, havia pedido ajuda a um policial militar que já tinha trabalhado no 19º BPM.

Esse PM, que era lotado no Serviço Reservado (P-2) do batalhão de Copacabana, havia sido transferido com o tenente-coronel Cony. O policial relatou o encontro:

— Chamei um amigo com quem costumávamos trabalhar aqui no BPM para ajudar a identificar o pessoal que aparece nas gravações. Quando lhe contei quem tinha feito as filmagens, ele disse: "Essa velha estava sempre lá no batalhão, enchendo o saco. Levava as fitas para a gente ver. Ela é maluca" — contou o policial civil, que não segurava as gargalhadas, vendo graça naquela revelação bizarra.

O comportamento do inspetor não deixava de ser um aviso. Com esse tipo de atitude, ele demonstrava que a segurança de Dona Vitória não era prioridade. Fiquei perplexo com sua falta de cuidado. Todos sabíamos que o sigilo era o principal ingrediente da segurança da aposentada. Seu pedido de ajuda ao PM poderia ter colocado tudo a perder.

No entanto, era possível notar a impaciência dele em esperar que a aposentada deixasse o apartamento em segurança. Na realidade, a polícia não acreditava que isso pudesse acontecer. Estranhei quando os policiais desistiram de realizar campana no apartamento dela e deixaram de fazer contato. Alguma coisa estava acontecendo. Soube o que era quando me avisaram da incursão que fariam, no dia 22 de julho, na Ladeira dos Tabajaras e no Morro dos Cabritos.

Era inacreditável. De repente, estavam com pressa. Dona Vitória filmava a ação dos traficantes, ininterruptamente, desde dezembro de 2003. Justiça seja feita, agora os policiais tinham um inquérito de tráfico de drogas daquela favela, alguns registros de operações policiais na localidade nas quais tiveram êxito, e até mesmo uma filmagem feita por um inspetor da delegacia. As gravações não apresentavam a mesma qualidade das feitas por Dona Vitória, mas já eram alguma coisa.

Fui avisado da operação à noite, quando voltava para casa. Não acreditei no que ouvi de um policial, que parecia ignorar as minhas considerações. Coincidência ou não, a incursão ocorreu na mesma semana que a Polícia Civil deflagrou uma série de operações no Rio. Quem tinha trabalho em andamento tratou de correr. Mas isso pode ser apenas um detalhe. Minha discussão com o policial civil durou mais de uma hora. Ele começou a conversa anunciando a operação para o dia seguinte:

— Só estou ligando para comunicar que amanhã vamos fazer uma operação na Ladeira dos Tabajaras. O trabalho evoluiu muito, aconteceram coisas que você não sabe, e não dá mais para esperar. Não era nem para eu contar isso, e espero que você não fale com mais ninguém, pois não podemos correr o risco de a operação vazar. O inquérito está em segredo de Justiça, e já conseguimos alguns mandados. Tivemos uma reunião com o chefe de polícia, e ele determinou a operação. Só estou avisando por consideração — disse friamente o policial, que passou por cima do fato de a aposentada ainda estar no apartamento.

Agora, o policial me atribuía a missão e a responsabilidade de convencer a senhora de 80 anos a sair de uma hora para a outra de sua casa. Quando lembrei a ele que a polícia estava quebrando o acordo que fizéramos, ele retrucou:

— Trabalho para a sociedade, e não para o jornal. Não vou fazer uma operação quando o jornal quiser. Não fiz acordo algum com ninguém e, desde o início, falei que era muito arriscado ela continuar no mesmo lugar. A meu ver, ela deveria sair de imediato — repetia ele, esquecendo que, se a nossa preocupação fosse somente jornalística, não demoraríamos um ano para publicar a matéria.

Discuti até o momento em que senti que nada do que falava era ouvido. Percebi que o melhor a fazer seria, pelo menos, acompanhar a incursão na Ladeira dos Tabajaras. Tentaria convencer Dona Vitória a deixar o apartamento o mais rápido possível, de preferência ainda naquele dia. Mesmo contrariado, o policial não conseguiu me impedir de participar da operação no dia seguinte.

Antes de desligar, o policial ainda avisou que não deveríamos utilizar as gravações, caso o jornal decidisse publicar a história depois da operação.

— Quero dizer que vocês não podem usar esse material que está nas fitas, porque o inquérito está correndo em segredo de Justiça. Se isso for divulgado, haverá quebra do sigilo, e isso é crime — ameaçou o policial, esquecendo que essa responsabilidade cabia a ele.

A recomendação não tinha validade alguma. Nós havíamos fornecido as filmagens à polícia e não poderíamos publicar por causa do segredo de Justiça? Impossível aceitar. Para mim, estava claro que não publicaríamos as imagens logo depois da incursão policial na favela. Mas por um único motivo: Dona Vitória ainda estava no apartamento. O jornal tinha um acordo com ela – e não o descumpriria.

Despedi-me e liguei para o jornal. Contei tudo à minha editora. Pedi um carro blindado, colete à prova de balas e um fotógrafo para o dia seguinte.

Agora, precisava convencer Dona Vitória a deixar o apartamento rapidamente. Mas achei melhor não lhe falar nada naquela noite. Não haveria tempo útil para tomarmos qualquer providência. A notícia só lhe tiraria o sono.

## 21. A incursão

A equipe me pegou em casa às 5h. Seguimos para a delegacia de Copacabana, aonde chegamos antes das 6h. Entrei na 12ª DP e procurei os policiais com quem tinha contato. Cumprimentei um a um, como se nada tivesse acontecido. Da parte deles, notei certa surpresa e frieza. Um dos policiais nem olhava para mim. Ignorei as manifestações hostis e voltei para o carro. Coloquei o colete à prova de balas e esperei o comboio sair para o ponto de encontro, no final do Leme.

Enquanto esperávamos o início da operação junto com os policiais, uma patrulha da Polícia Militar se aproximou das equipes com o intuito de saber onde seria a incursão. Um policial mandou os PMs saírem sem dizer para onde iriam.

A atitude foi entendida depois, quando subimos a Ladeira dos Tabajaras. Chegamos ao morro por volta das 7h. Os fogos anunciavam a subida das equipes da Polícia Civil. A 12ª DP contava com o apoio de outras delegacias especializadas na operação. Abriguei-me quando houve uma rápida troca de tiros perto da Rua Euclides da Rocha, acesso ao Morro dos Cabritos. Depois dessa tempestade, a calmaria se instalou no morro. Os moradores transitavam normalmente, como se nada tivesse acontecido. Nenhum bandido foi visto na favela. Nem mesmo a comunicação entre eles era feita pelo radiotransmissor. Apenas as duas creches da comunidade não abriram as portas. A mãe de um aluno passou e disse que a polícia havia falado para suspender o serviço enquanto estivessem na favela.

Depois de uma manhã inteira na Ladeira dos Tabajaras e no Morro dos Cabritos, o resultado da operação se resumiu a três presos, com mandados de prisão expedidos. Máquinas caça-níqueis foram apreendidas, munição para pistola calibre 45, uma pequena quantidade de drogas e alguns bancos de carro.

Por volta das 10h30 liguei para Dona Vitória. Ela atendeu e, excitada, começou a me falar sobre o tiroteio. Expliquei que eu tinha subido o morro com a polícia e que precisava conversar com ela.

Dona Vitória tomava seu café com leite quando cheguei. Agitada para saber o que eu fazia na favela, deixou a refeição de lado e me levou para a sala, onde começamos a conversar. Expliquei que aquela operação já era por causa da investigação da polícia. Contei que alguns bandidos já tinham sido identificados pelos policiais e que a Justiça havia expedido mandados de prisão contra eles. A operação era para isto, cumprir as ordens. Preferi não relatar a discussão com o policial. Isso poderia prejudicar a confiança que ela depositava na equipe. Mas ressaltei que, por questões de segurança, ela não deveria mais ficar ali.

Lembrei a Dona Vitória alguns pontos importantes. Mesmo com o inquérito em segredo de Justiça, uma hora os presos teriam direito de saber por qual motivo estavam detidos. Não sabíamos quando isso aconteceria. Mas uma coisa era certa: ela não poderia mais estar no apartamento quando tomassem conhecimento das provas levantadas contra eles.

Para minha surpresa, ela aceitou sair de casa. Ligou para a funcionária do Programa de Proteção à Testemunha indicada pelo Ministério Público. Mas não conseguia compreender o que a coordenadora lhe dizia. A senhora, então, pediu a ela que passasse o telefone para alguém que estivesse próximo. Era eu. Ficou acertado que eu passaria a fazer os contatos com o programa para Dona Vitória, e combinamos que ela sairia de casa, no máximo, em cinco dias.

Desliguei o telefone e conversei longamente com Dona Vitória. A partir de agora, ela não deveria mais filmar os bandidos. Teria de concentrar todas as energias em arrumar suas coisas e partir. Ela percebeu o risco que corria. Prometeu que só sairia de casa para resolver pendências bancárias.

De lá, segui para a delegacia. Os policiais apresentaram os presos, o material apreendido e as imagens que um membro da equipe havia feito um ano antes, usando como base um dos prédios que ficam próximos à favela. Depois de interrogar alguns suspeitos detidos na operação, decidiram liberá-los.

Voltei para a Redação e escrevi uma reportagem sobre a operação policial, como se fosse uma matéria de rotina.

## 22. "Tá no escracha"

Os policiais ainda grampeavam os telefones dos traficantes quando fizeram a operação. Peguei as transcrições um dia antes de publicar a reportagem. Dias depois, cheguei aos trechos em que eles comentavam a incursão da delegacia de Copacabana na Ladeira do Tabajaras.

A polícia também gravou uma conversa horas depois de realizar a incursão. É início da noite quando o traficante Ronaldinho Tabajara e outro conhecido como Serjão falam sobre as prisões de integrantes da quadrilha. De acordo com a investigação, eles são o chefe e o gerente do tráfico de drogas, respectivamente, na Ladeira dos Tabajaras e no Morro dos Cabritos (Copacabana), no Morro Dona Marta (Botafogo) e no Morro Cerro-Corá (Cosme Velho). O detalhe é que Ronaldinho estava preso na Penitenciária Vieira Ferreira Neto, em Niterói. Serjão ainda está foragido da Justiça. Depois que li os relatórios das escutas, tive certeza de que a minha preocupação com a segurança de Dona Vitória não foi em vão.

— Puta que pariu — reclama Ronaldinho da operação no morro.

— Tá no escracha — diz Serjão, numa referência ao programa *Cidade Alerta*, da TV Record, apresentado por Wagner Montes.

O chefão preso manda seu gerente ligar para o advogado. Queria que seus subordinados tivessem assistência jurídica na delegacia. Ronaldinho fala sobre a filmagem de sua boca de fumo:

— Pô, tu viu aquela filmagem?

— Da onde, do escracha? — responde Serjão, certificando-se de que estão falando sobre a mesma coisa.

— Não. Ninguém viu a filmagem lá do prédio? — Ronaldinho questiona novamente.

— Eu vi, rapá, nas escadinha lá. Aquilo não é a escadinha da capela? — responde Serjão.

— É, é — confirma o chefe preso.

— É, pô, do prédio lá. Ali é mais perto. Já avisei pra eles aqui, pô, na semana passada, sobre esses bagulhos de filmagem. Entendeu? — ressalta o gerente, que revela já ter avisado os traficantes da favela sobre o perigo de serem filmados em ação.

Menos de uma hora depois, Ronaldinho Tabajara passa um rádio para um traficante do morro. Quer falar com FB, um dos marginais detidos e logo liberados por falta de provas. O bandido conta ao patrão que os policiais estão agindo com base em investigações. FB usa a palavra "inteligência" para explicar que a delegacia tinha levantamento fotográfico e filmagens da Ladeira dos Tabajaras. Ele não sabia que a atuação nessa área da inteligência policial havia sido feita por Dona Vitória. A conversa prova que os criminosos tomaram conhecimento das gravações e das fotografias.

— Como é que foi essa parada? — pergunta Ronaldinho.

— É um bagulho doidão. Eles disseram que tinham uma denúncia na casa da minha dona, aqui na rampa, na frente da segunda creche, com o nome dela, dizendo que tava guardando algum brinquedo [arma], alguma coisa lá, tá ligado? Mas eles não conseguiram provar nada, graças a Deus! Mas eles tão com vários bagulhos lá, mané. Filmagem, foto, vários bagulhos mesmo, fotos pra caralho. Tem que tá na atividade legal — disse FB ao chefe.

— Então, vocês têm que ficar ligados aí, entendeu? — orientou o patrão.

— É, pô, é! Já passei pros amigos aqui uma visão legal, quem tá legal, quem tá mais pichado, porque é foda. Tem que ter uma maior atenção mesmo, que tá foda, tá foda. Os caras não tão vindo mais naquela de burrice e de brutalidade não, tá ligado? A brutalidade deles é junto com a inteligência. Eles tão cercando o bagulho de uma certa forma, que é foda. Se não for cabeça, se não for tranquilo, é foda. Tem que procurar evitar de falar muita besteira. É foda — repete o soldado, impressionado com o que a delegacia tinha e lhe foi revelado.

Ronaldinho continua querendo saber mais sobre a investigação policial:

— Mas e aí? Tu viu foto de alguém lá?

— Não, não. Foto, foto, eles não me mostraram, não. Só do Uga--Uga mesmo, né? Geral que tava agarrado tirou foto lá, né? Perguntaram por Angolano, um tal de Angolano, e um tal de Azeitona, tá ligado? Perguntaram por esses caras, mas não tão ligados, não — explicou FB.

## 23. O último mês

Dois dias depois da incursão policial, recebi um recado de Dona Vitória. Sabia o que ela queria falar. Liguei para ela:

— Tudo bem, Dona Vitória?

— Olha só, Fábio, não quero sair quarta-feira, não. Tenho um monte de coisa para resolver e sair assim não dá. Você me desculpa, não me leve a mal. Não quero que fique chateado comigo. Queria que você entendesse a minha situação. Não posso sair correndo como uma fugitiva. Ninguém tem ideia do que estou passando. Você acha que gosto de viver assim? As minhas coisas todas estão dentro de caixas, não encontro mais nada, está tudo uma bagunça, desorganizado. Ninguém consegue viver dessa maneira. Minha vida virou de pernas para o ar. Eu agradeço o que você está fazendo e peço desculpas, mas não posso ir assim — justifica a aposentada.

— Dona Vitória, quero deixar claro que a senhora tem o direito de mudar de ideia quando quiser. Vou ser sincero: já esperava o seu telefonema falando isso. Mas a senhora precisa entender que existe um risco muito grande de continuar aí. O nosso papel é tentar convencê-la disso, mas não podemos obrigá-la a nada. Pode deixar que vou ligar para a coordenadora do Programa de Proteção à Testemunha e avisar que sua saída está suspensa até a senhora conseguir assinar os papéis da venda do apartamento. Mas quero que prometa que não vai se expor nesse período.

Minha amiga – àquela altura, já podia chamá-la assim – ouviu pacientemente. Mas não acatou meu pedido.

Desde a incursão no morro até a saída de Dona Vitória do apartamento, 31 dias se passaram. Nesse período, ainda gravou outras três fitas. Em um trecho, o traficante patrulha o morro abertamente. Desfila com um M-16 em punho e checa se há intrusos na área.

São as últimas cenas. Para filmá-las, colocou ao fundo um disco com o Hino Nacional e o da Bandeira. Enquanto lamentava o que via, perguntava: "É esse o futuro do nosso país? É esse o futuro que queremos?".

"Temos de nos libertar dessa maldade. É o nosso grito de independência."

## 24. A entrevista

Apesar do estreito convívio com Dona Vitória, que já durava quase um ano, ainda não tinha feito uma entrevista formal com ela. Sabia que nossa convivência estava chegando ao fim e não poderia mais adiar a tarefa. Marquei para o dia 27 de julho – como sempre, às 16h30, depois de seu cochilo da tarde – a entrevista e a sessão de fotos.

Um misto de euforia e nervosismo tomou conta dela. Para tentar se acalmar, Dona Vitória pegou um CD de pontos de umbanda, a religião que cultuava, e colocou para tocar. Antes, porém, perguntou se eu e o fotógrafo nos incomodávamos. A religião é muito presente na vida da aposentada. Um mês antes, ela tinha ido ao centro que frequentava para fazer uma obrigação.

— É um trabalho, uma segurança que eles fazem no centro todo ano. Achei que a minha estava vencida, mas o pai de santo disse que não precisava, que eu estava fortalecida.

Dona Vitória se preparava para o dia de sua saída. Os pontos tocavam, e ela acompanhava cantando. Acendeu velas para os orixás. Era filha de Xangô, o santo da Justiça, com Iansã, a orixá feminina que domina os raios, ventos e tempestades. Não se esqueceu de Exu Veludo, que afirmava ser seu protetor. As músicas a acalmaram e lhe deram forças para suportar a sessão de fotos, que durou quase uma hora.

Selecionei um trecho da entrevista com Dona Vitória. Ela fala sobre o que a levou a fazer as filmagens, suas emoções durante as gravações e a expectativa do futuro.

**Fábio Gusmão** – *A senhora disse que os traficantes sabem que filma...*

**Dona Vitória** – Agora, eles estão se escondendo. Felizmente, estão me respeitando. Outro dia, dei um sopapo num cheirador, e a dona lá veio falar comigo: "Vai machucar o meu filho". Eu respondi: "Se machucar o seu filho, é porque você o deixa cheirar na sua porta. A culpa é de vocês. Se vocês não gostam que eu ataque, eu também não gosto que bagunquem na minha porta". Aqui virou um chiqueiro. Às vezes passam por aí de madrugada... É uma fumaça, é um cheira-cheira... Tanto que elas não deixam mais que eles fumem maconha aqui na frente. Ficavam ali na porta delas. Comecei com pedras. E aí, depois, como não queria machucar ninguém, passei a jogar sacos com água.

**FG** – *Que resultado a senhora espera desse seu trabalho?*

**DV** – Espero um resultado positivo, se houver justiça nesta terra, apesar de ainda estar em dúvida. Mas acredito na Justiça. Espero que a justiça seja feita. Estou tendo um prejuízo danado, estou perdendo coisas que eu lutei bravamente para conseguir. Este país não vai para a frente enquanto todo mundo não se mexer. É um país dos ricos, dos injustos, porque os justos não têm direito a nada nesta terra. Todo mundo rouba.

**FG** – *O que seria justiça, nesse caso?*

**DV** – A justiça seria o povo ser atendido com dignidade. Você entra com um processo na Justiça e leva dois, três anos. Se for caso de morte, morre e acabou. Não recebe nada. A Justiça é rápida nos outros países, porque eles reconhecem os seus direitos. Aqui, o cidadão não tem direito nenhum. O único direito nosso aqui é pagar imposto, é sustentar essa gente aí.

**FG** – *Então, o que a senhora espera da Justiça?*

**DV** – A minha indenização.

**FG** – *Só isso?*

**DV** – E acabar com isso aqui [o tráfico]. Nosso país não tem de ser demarcado por tráfico, por bandido, por riquinho.

**FG** – *E o que poderia ser feito para acabar com isso aqui?*

**DV** – A polícia invadir e ocupar, como aconteceu naquela época, com o Posto de Policiamento Comunitário, onde ninguém fica mais, porque é varado de balas. O policial até me falou: "Nós não vamos mais lá porque o posto comunitário está todo perfurado de balas".

**FG** – *Como a senhora se sente por ter de sair do seu apartamento?*

**DV** – Hoje me sinto vitoriosa. Eu vou sair daqui, e podia estar murcha, de cabeça baixa. Sinto que, na minha luta, estou tendo perdas, mas são perdas materiais. Depois, se eu não conseguir recuperar, tudo bem. Ninguém vai me fazer sair de cabeça baixa, não. Vou sair de cabeça erguida.

**FG** – *Nas filmagens, a senhora chama de "pragas" os menores armados e os consumidores de drogas. Fala ainda que eles têm de morrer. A senhora pensa realmente isso ou acredita que há uma forma de recuperá-los?*

**DV** – Só falo isso na hora. É porque estou com a adrenalina no teto e, se pudesse, bateria neles. Eles estão ali porque não têm para onde ir. Se eu tivesse dinheiro, construía uma dessas casas que recolhem crianças. As crianças estão aí por conta deles. Bota na casa de recolher criança. Esses meninos não são obrigados a ficar lá, então eles comem um negócio e no dia seguinte estão na rua, vão embora. Não precisam nem pular cerca. Eles saem e vêm de novo.

**FG** – *São crianças que não tiveram oportunidade...*

**DV** – São assim por causa dos pais. São filhos de chocadeira. Botam no mundo e largam. Eu tenho vontade de ganhar na loteria, de ganhar milhões, e fazer casas para essas crianças. Não é simplesmente acolher e, depois, não dar um estudo. É para construir uma escola dentro dessas casas, oferecer um esporte, uma profissão. Pode ser pintura, o que for, mas precisa estar lá trabalhando. Criança tem de trabalhar. Sempre trabalhei e não morri. Eu me sustento desde os 10 anos e não morri. Tenho orgulho de ter trabalhado desde criança e ter me mantido. Criança não tem de ficar vadia, não. Precisa estudar e trabalhar.

**FG** – *O que a senhora pretende ao divulgar esse documentário de sua vida?*

**DV** – Quero que tomem ciência do que é a verdade do nosso país. Que deve ter gente capacitada para dirigir, gente com moral, com dignidade para ser deputado, senador. Quero que não votem mais nessa gente.

**FG** – *Qual a sua expectativa sobre o Programa de Proteção à Testemunha? O que espera da nova vida?*

**DV** – Espero segurança e um lugar decente para ficar. Quero pintar, voltar à minha arte. Estou tendo prejuízo. Não pintei mais, não desenhei. Quero tranquilidade, deixar de trabalhar, porque o meu trabalho é muito puxado. Paz, amor e tranquilidade. O que eu puder fazer pelo meu próximo, farei numa boa.

**FG** – *O que a senhora diria às pessoas que passam por um problema semelhante ao seu?*

**DV** – Que sigam em frente, não abaixem a cabeça. Desde o começo do mundo, o bem sempre venceu todas as batalhas. Ninguém entra numa luta, numa batalha, numa guerra sem o risco de morte, e eu estou aqui para tudo, para o que der e vier. Estou nas mãos de Deus, e Ele está me ajudando. Eu estou com o bem. Estou fazendo o que todo mundo deveria fazer, que é batalhar, lutar e expulsar esses bandidos. Os bandidos não podem ser mais poderosos do que o ser decente. Eles são a escória. Se eu puder ajudar um bandido, se ele pedir minha ajuda para se recuperar, eu ajudo. Não tenho ódio de ninguém, não.

## 25. A venda do apartamento

Dona Vitória só foi chamada para assinar o contrato de venda do apartamento na Caixa Econômica Federal no dia 10 de agosto. Antes, porém, o dinheiro já havia sido depositado. Só faltava esperar o Registro de Imóveis enviar a cópia do contrato à Caixa para que o dinheiro fosse desbloqueado.

Esperamos pacientemente. O dinheiro estava depositado numa conta-poupança, mas ela não podia sacá-lo. Dona Vitória fazia planos e decidia em qual aplicação o dinheiro renderia mais. Queria ter certeza de que não perderia os juros e as melhores taxas.

Enquanto isso, continuava filmando.

Mas os dias passavam, e a Caixa não liberava o dinheiro. Dona Vitória estava se arriscando além do que o bom senso permitia. Ela mesma não suportava mais viver em meio a caixas de papelão, com tudo desorganizado. Ligou-me várias vezes para falar sobre isso. Dizia que estava cansada, com vontade de ir embora.

Na segunda-feira, dia 22, tínhamos encontro marcado em sua casa. Eu estava decidido a resolver as pendências que ainda houvesse. Mas, por coincidência, na mesma manhã, ela recebeu uma cópia do contrato que assinou. O carteiro lhe trouxe o cartão magnético da poupança da CEF. Percebi que tudo conspirava a favor.

Cheguei ao apartamento de Dona Vitória às 16h30. Enquanto ela preparava o tradicional cafezinho, eu lia o contrato. Foi o suficiente para desfazer as minhas dúvidas. A Caixa realmente depositara o dinheiro na conta da aposentada, mas só liberaria o valor quando toda a documentação estivesse regular. O zelo era para evitar fraudes. Fiquei aliviado. Pelo menos ninguém tentara dar um golpe nela. Dona Vitória chegou com o café, e eu perguntei se ela ainda precisava assinar mais algum papel no banco. Ela explicou que a fase das assinaturas havia acabado. Agora, só tinha de esperar o dinheiro.

Percebi que Dona Vitória estava reticente em deixar seu apartamento. Entendia isso, mas não havia outra forma de ela sair dali se não fosse de uma vez. Quis saber o que ainda faltava para ela entrar no Programa de Proteção à Testemunha. Dona Vitória respondeu:

— É que preciso assinar uns papéis no banco para a aplicação do dinheiro, quando ele for liberado. Não quero perder nada e, para aplicar, tenho de assinar pessoalmente.

Expliquei que essa espera não era necessária. Com o cartão do banco e a senha, ela poderia fazer saques e movimentar a quantia que quisesse, a despeito do lugar onde estivesse. Insisti. Lembrei que o perigo aumentava a cada dia, que a investigação da polícia prosseguia, que várias pessoas estavam presas e que, a qualquer hora, todos conheceriam a origem das imagens. Revelei até a quebra do acordo por parte dos policiais, que deflagraram antes do combinado a operação na favela. Ao final, depois de quase meia hora falando, perguntei se ela estava disposta a sair.

Dona Vitória percebeu que sua história naquele lugar havia terminado, era página virada. Aceitou deixar o imóvel ainda naquela semana.

— Pode ligar para a mulher do Programa de Proteção. Eu vou entrar. Pode ligar — disse, decidida.

Peguei o telefone e liguei para o nosso contato no Programa de Proteção à Testemunha. Por ironia do destino, não consegui falar.

Insisti, mas a ligação caía na caixa postal. Deixei recado, o nervosismo aumentou. Despedi-me de Dona Vitória. Orientei-a a começar a fazer o restante das malas e a resolver qualquer pendência bancária. Assumi o compromisso de mandar desligar seu telefone para não gerar cobranças. Prometi ligar assim que tivesse uma posição sobre a saída dela do apartamento e o ingresso no serviço de proteção.

## 26. Dia 23 de agosto

Cheguei ao jornal no início da noite. Estava contando aos editores as últimas notícias sobre a saída de Dona Vitória do apartamento, quando o diretor de Redação, Bruno Thys, me chamou e disse que o secretário de Segurança, Marcelo Itagiba, havia ligado para anunciar o término das investigações. Ele marcou uma entrevista para o dia seguinte. Ali, ele nos passaria os detalhes e o resultado do trabalho. Soube que já havia policiais militares presos por envolvimento com traficantes da Ladeira dos Tabajaras. Fiquei preocupado e entrei em contato com um assessor do secretário. Pedi auxílio para que fizessem a ponte com as pessoas que dariam proteção a Dona Vitória.

Preocupado com o desdobramento do trabalho e a presença da idosa no apartamento, liguei para ela em seguida.

— Vou ter de sair daqui amanhã, né? Tudo bem — parecia ter adivinhado.

Na mesma hora lembrei do que ela havia falado cerca de um mês antes: "As coisas só vão acontecer no dia 23 de agosto". Não é que Dona Vitória tinha razão?

Comecei a separar o material selecionado para a matéria. Já havíamos feito uma pré-edição do que entraria nas páginas. Saí do jornal com a cabeça a mil. Queria ter certeza de que a aposentada ficaria bem. Fui para casa e, mais uma vez, minha noite de sono não foi das melhores.

Acordei cedo, com um telefonema dela. Queria saber se podia ir até a farmácia. Estava preocupada em sair sem avisar. Falei que só a buscariam no início da tarde, mas ligaria para confirmar. Telefonei para o coronel Romeu, da SSI. Ele colocou um major para cuidar da proteção de Dona Vitória, o mesmo que acompanhava a história da idosa desde o início. Passei o número do telefone da casa de Dona Vitória e marquei um horário para eles ligarem. A equipe combinou que a pegaria em casa às 14h30.

Estava tudo acertado.

A notícia da prisão de dois policiais militares do batalhão de Copacabana já corria as redações. Ficamos apreensivos com o possível vazamento da história. Tínhamos certeza de que nenhum veículo possuía o material e a história de um ano de Dona Vitória, mas não podíamos nos arriscar a perder o ineditismo, a ser furados pelos concorrentes, depois do investimento feito.

Fizemos uma primeira reunião no início da tarde. Bruno Thys, o diretor de Redação, e Denise Ribeiro, a editora do caderno Cidade, perguntaram se seria possível segurar a história até domingo. Daria para tentar obter com o parque gráfico um espaço maior, um caderno de oito páginas, na edição mais nobre do *Extra*. No primeiro momento, resolvemos arriscar. Publicar no dia seguinte significaria um espaço menor, duas páginas no máximo. Perderia o impacto que a história merecia.

Mudamos de rumo mais uma vez. Tínhamos excelentes depoimentos, muitas imagens, a história de Dona Vitória. Seria uma pena condensar tudo em tão pouco espaço. Uma hora mais tarde, Octavio Guedes, editor-executivo, convocou nova reunião comigo e com os editores Marlon, Denise e Luiz André Alzer. Ele achava arriscado esperar tanto tempo. Perderíamos o ineditismo, certamente. Octavio me perguntou quantas páginas merecia a história, se renderia assunto para três. Olhei o relógio, lembrando da hora marcada com o secretário de Segurança, que me daria mais detalhes sobre o resultado das investigações. Pensei e disse que merecia até mais. Octavio levantou-se, consultou o parque gráfico sobre a possibilidade de fazer um caderno. Voltou e perguntou:

— Gusmão, dá para bater um caderno de seis páginas?

Tomei um susto, mas disse que era possível. A adrenalina subiu. A correria estava apenas começando. Acertados os detalhes, uma tropa de editores e redatores foi designada para cuidar do fechamento do caderno.

Segui para a Secretaria de Segurança Pública. Depois de esperar três horas, fui recebido pelo secretário e pelo comandante da PM, coronel Hudson de Aguiar Miranda. Depois de pegar os detalhes da operação policial, voltei para a Redação. Com a edição já alinhavada, conversamos sobre o que eu julgava uma das coisas mais importantes: a preservação da identidade daquela senhora. Jamais tínhamos pensado em divulgar seu nome. Pelo contrário. É comum, nas reportagens, para preservar a identidade de personagens que correm perigo, usar somente uma letra no lugar do nome.

Ponderei que aquele caso nos ensinou que não estávamos falando de um personagem, mas de uma pessoa. A reportagem contaria a história da vida de uma corajosa senhorinha de 80 anos.

A proposta de chamá-la de Dona Vitória partiu de Octavio Guedes e foi aprovada por unanimidade. Não havia nome mais significativo.

Sua biografia lhe rendeu o novo batismo.

Com a nova identidade na cabeça, comecei a escrever. Eram 19h40. Prosseguia a corrida contra o tempo. Voei para o computador. Às 22h45, botei ponto-final no texto e caí no choro.

Era tensão acumulada, emoção, excesso de adrenalina e a necessidade da aprovação de Dona Vitória.

Naquele momento, parecia ser o fim de uma longa história, que ultrapassava, em muito, um grande trabalho jornalístico. Naquele momento, era impossível prever a sequência de desdobramentos que aconteceriam não só no dia seguinte, mas também nos anos depois da publicação da história. Surpresa que me toma até hoje.

# PARTE 3

## 27. O resultado das investigações

A reportagem não estaria completa sem o resultado das investigações realizadas pela delegacia de Copacabana. Dirigi-me à Secretaria de Segurança Pública, na Central do Brasil, onde o secretário de Segurança, Marcelo Itagiba, e o comandante-geral da Polícia Militar, coronel Hudson de Aguiar Miranda, anunciaram o resultado da operação.

Os investigadores gravaram 370 CDs com conversas telefônicas. Nesse material, foram registradas oitocentas horas de diálogos de marginais e policiais envolvidos com a quadrilha. Posteriormente, com base na continuação da investigação, o juiz Flávio Itabaiana, da 27ª Vara Criminal, expediria 34 mandados de prisão preventiva, incluindo nove PMs. Todos os mandados de prisão expedidos pela Justiça foram cumpridos.

A conivência de policiais com os traficantes da Ladeira dos Tabajaras não era novidade para Dona Vitória. Em suas gravações, ela já chamava a atenção para a necessidade de uma investigação rigorosa dos policiais do batalhão de Copacabana. No entanto, a 12ª DP descobriu que não eram apenas os PMs lotados na unidade do bairro que tinham envolvimento com os criminosos. Policiais que serviam no 2º BPM (Botafogo) também recebiam propina. O grupo que dominava as bocas de fumo na Ladeira dos Tabajaras e no Morro dos Cabritos, ambos em Copacabana, também era responsável pela venda de drogas no Morro Dona Marta, em Botafogo, área do 2º BPM.

Eles recebiam quantias que variavam entre R$ 200,00 e R$ 6 mil por semana para evitar operações policiais no morro. Era o chamado "arrego". Um capitão e um tenente faziam parte da folha de pagamento do tráfico. Um cabo lotado no 14º BPM (Bangu), mas que já fora lotado no batalhão de Copacabana, era um dos que mais contribuíam para as atividades dos traficantes da Ladeira dos Tabajaras. As investigações comprovaram ainda a venda de armamento para a quadrilha, também feita por policiais.

Nas gravações realizadas durante a investigação, podia-se ouvir a voz de Serjão explicando para o patrão o pagamento semanal aos PMs:

— O total aqui [para os policiais militares não subirem o Morro Dona Marta] é seis [R$ 6 mil], seis e meio [R$ 6.500,00], né? Lá [na Ladeira dos Tabajaras] vamos ver como é que vai ficar, né? — detalha o gerente.

Em outra conversa gravada pela polícia, Ronaldinho Tabajara reclama com o cabo da PM da atuação de uma equipe de policiais. O diálogo aconteceu no dia 24 de julho, às 21h29. A intimidade do policial com o chefe do tráfico é tão grande que ele chama Ronaldinho de amigo. O bandido pede que o cabo fale com o capitão para mudar a escala dos policiais que estão prejudicando a venda de cocaína e maconha. Em outro trecho, o PM é flagrado negociando uma pistola Jericho, calibre 45, por R$ 2.700,00.

Durante a apuração da reportagem, consegui ter acesso a uma agenda apreendida por policiais do Serviço de Repressão a Entorpecentes da Baixada Fluminense, em uma operação na Ladeira dos Tabajaras. Nela, os bandidos detalhavam os valores que destinavam ao pagamento de maus policiais. O responsável pelo registro contábil da quadrilha também pensava na preservação dos PMs. Na tentativa de dificultar a identificação do pagamento da propina, o gerente contábil passou a escrever o código "puteiro" e "puteiro pista". A seguir vinham os valores, que variavam, no livro-caixa do tráfico, de R$ 200,00 a R$ 2.500,00. Em pouco mais de um mês – a agenda tinha registrado as movimentações da quadrilha no período que ia do fim de novembro de 2004 até o início de janeiro de 2005 –, os bandidos gastaram aproximadamente R$ 8 mil com o pagamento do arrego.

## 28. A publicação

A matéria – na realidade, um caderno de seis páginas – deu ao trabalho da "vovó cineasta" dimensão nacional e teve repercussão internacional.

Na capa do caderno, intitulado "Janela Indiscreta", vinha a manchete: "Indignada, idosa filma traficantes por dois anos".

O *Extra* não abordou apenas o drama de Dona Vitória. Também teve destaque a situação das pessoas filmadas por ela. Os menores não apareciam nas gravações apenas como mão de obra dos traficantes da Ladeira dos Tabajaras. Eles também são consumidores de cocaína, maconha, loló e crack vendidos no morro. Algumas cenas de crianças cheirando cocaína chocam, como a das crianças dividindo o pó. Narrando essas cenas, Dona Vitória demonstra revolta com a condição dos menores e critica as autoridades:

— Cadê o governo e os Juizados de Menores, que deveriam cuidar dos menores abandonados? — questiona a aposentada em suas gravações.

De posse do material – e já liberados para divulgá-lo –, fomos buscar a palavra das autoridades responsáveis. Ouvimos a juíza da 1ª Vara da Infância e Juventude, Ivone Caetano; o promotor Márcio Mothé, que atua na Justiça Terapêutica; o Conselho Tutelar da Zona Sul; o psiquiatra Jairo Werner, que também atua na Justiça Terapêutica; a diretora do Núcleo de Estudos e Pesquisas em Atenção ao Uso de Drogas (Nepad), da Uerj, psiquiatra Maria Thereza de Aquino; e o presidente do Conselho Estadual Antidrogas (Cead), Murilo Asfora.

No momento da publicação da reportagem, o que ficava claro era que nenhum desses órgãos, de modo isolado, podia fazer algo. Uns dependiam dos outros para implementar uma ação efetiva na recuperação daquelas crianças.

Posteriormente, integrantes da Polícia Civil e dos Juizados da Infância e da Adolescência se reuniram para assistir às cenas de crianças consumindo drogas e portando armas na Ladeira dos Tabajaras. Durante o encontro, traçaram estratégias para identificar e apreender os menores infratores que aparecem nas fitas de vídeo.

— Como medida socioeducativa, os menores infratores apreendidos serão internados — adiantou o juiz Marcello Chaves Villas, da 2ª Vara da Infância e da Juventude.

A juíza Ivone Caetano, da 1ª Vara da Infância e da Juventude, apresentou um projeto específico para o tratamento de menores dependentes de drogas. A juíza elogiou a coragem e a atitude de Dona Vitória.

— Só no momento em que ela, com sua câmera, tornou público o problema, é que percebemos que temos de fazer algo para tratar dessas crianças — disse a juíza.

## FILMAGEM

"Não dá pra pegar todo mundo ao mesmo tempo, é muita gente, muito bandido. Bandido vem pra cá, bandido vai pra lá. Haja câmera pra pegar isso. Haja filmadora."

## SOLIDÃO

"Meu Deus, me socorra, meu pai. Estou tão sem ninguém aqui. Não posso trazer ninguém na minha casa. Não posso ter uma visita, meus amigos já sumiram. Eu não vou ter coragem de trazer ninguém aqui, porque eu não estou maluca de fazer uma coisa dessas, trazer uma amiga aqui. Como é que eu vou fazer? [...] Estou sozinha, isolada. Meus parentes, tudo longe. Não tenho ninguém aqui. Ninguém."

"Se eles me derem um tiro aqui, não tem ninguém para me socorrer. Eu vivo na minha batalha aqui, sozinha. Vivo lutando, batalhando, me sustento sozinha, sou aposentada, vou fazer agora em maio 79 anos, batalhando feito uma louca porque eu trabalho desde criança. [...] Vou deixar escrito no envelope que, o que me acontecer, o Estado vai ser o culpado. O Estado será o responsável, como é o responsável por qualquer coisa que acontecer comigo ou com qualquer cidadão aqui do bairro. Já estou cansada de pedir socorro, já cansei, tem vez que estou tão nervosa que já não sei nem o que eu digo."

## DESESPERO E FÉ

"Meu Deus, me ajude a vencer essa batalha. Perdoa as minhas falhas. Devo ter cometido muitos erros nessa vida ou em vidas passadas para estar aguentando uma coisa dessas. Me perdoa se cometi falta grave, meu Deus, mas me ajuda a sair dessa, Senhor. Eu não estou aguentando mais. Estou com os nervos à flor da pele. Não estou dormindo direito, vou emendar a noite inteira, noite e dia. Amanhece e eles aí fazendo ameaças com armas. Quando dá seis horas, seis e pouco, eles sobem e aí ninguém dorme. De tarde, eu tento tirar um sono, que estou exausta, e não consigo porque eles gritam alucinadamente sem parar. Isso é diuturnamente, são 24 horas. Isso é vida que um cristão leve? É vida para uma cidadã viver? Meu Deus, eu não pensei em fazer 79 anos e ter que ver uma coisa dessas. Luto para ter saúde, eu trabalho, eu faço ginástica, eu ando, eu me viro, eu me mexo, justamente para não perder a minha saúde. Se eu não fosse bem equilibrada, já estava num hospício. Estou lutando para não ter que entrar num hospício."

"Estou tão desesperada com esse negócio que esqueço o meu lado espiritual. Não quero fazer isso. Preciso de muita ajuda cósmica. Não estou nem tendo tempo para fazer as minhas meditações, meus trabalhos esotéricos. Já pensou acender uma vela, fazer uma prece com a música religiosa e eles com uma pistola em cima de mim?"

## SEM PODER PINTAR

"Eu não consegui mais pintar. Não posso pintar de janela fechada, nem estou com estado psicológico para pintar. Estou tentando pintar, a minha mão treme, eu desmancho tudo, eu borro tudo e aí não dá, o que eu vou fazer?"

"Estava fazendo um trabalho de desenho, estudando desenho, acabou também, não posso, acabou! Está tudo jogado aí. Meu quadro aí que eu estava pintando também. Nunca mais eu consegui. Não vou conseguir pintar com a pistola apontada para mim. Depois, que eu não tenho nenhuma condição de pintar. O meu estado psicológico não dá para chegar e pintar, desenhar, não dá mesmo. O que eu vou fazer? Estou jogada aqui feito uma maluca."

## SOZINHA E SEM APOIO

"Eu já tentei aqui nos unirmos para reclamar os nossos direitos, e eles ficam apavorados. Ficam até com raiva de mim. Dizem que estou provocando, que os traficantes estão armados. Ninguém quer se mexer, está todo mundo com medo. Tem uma vizinha minha aqui que também levou um tiro na janela. Falei com ela: 'Vamos nos unir'. E ela: 'Deus me livre, não vou fazer nada'."

**TERRITÓRIO DO CRIME**

"Todos armados. Olha lá com a arma na mão. Como é que pode? Se eu contar isso, vão achar que estou fazendo piada, como a justiça também está pensando que estou fazendo gracinha com eles. Mas estou mostrando que estou falando a verdade e que está difícil viver aqui. É o maior desaforo. Bem que eles dizem: 'É nós, CV (Comando Vermelho)'. É isso aí, eles é que estão mandando, não tem autoridade nessa terra, eu posso desmentir isso? Fazendo o que bem entende, olha só, debocha. É isso que eu vou dizer? Essa hora da tarde, que eu não estou vendo nada, o que é isso, é delírio? É uma vergonha!"

## NA CARA DA POLÍCIA

"Que maldição de autoridade que existe nessa morrinha. Não sei o que é pior, ficar assistindo essa maldição na minha janela ou sabendo que a polícia está aí do lado. [...] Tem tudo. Polícia Militar, Polícia Civil, quando eu ligava, que eu não vou mais ligar, um ficava mandando ligar pro outro, 'liga não sei pra onde'. Aí ligava: 'Chama o 190'. Eu chamava o 190 e não vinha ninguém. Não vinha, nem vem. Um inferno. É uma insegurança aqui, no meio de um inferno desse. Sem saber o que fazer."

## POLÍCIA AVISA BANDIDOS

"A polícia não acaba com isso aqui porque não quer. Eles realmente não têm vontade, não têm nenhum interesse em acabar com isso, senão não existia mais. O outro foi me dedurar lá em cima, está me dedurando. Daqui a pouco os bandidos estão aqui armados na minha porta, vou até me preparar porque sei que eles vão ficar aqui, olha só, me dedurou, olha só, lá vem ele, lá vêm eles armados, vêm com rádio de comunicação etc., podem vir quentes que estou fervendo, desgraçados. A polícia é culpada disso. Principalmente a Polícia Militar. Eu já tentei de tudo, e eles estão zombando de mim, fazendo gracinha. Estão dando dica pra esses bandidos. No dia seguinte que liguei para a polícia, eles amanheceram me chamando de babaca e riam: 'Tá dedurando a gente, senhora?'. Tem uma gravação aqui da zombaria que eles fizeram. Foi um negócio muito sério. Eu posso confiar mais em polícia?"

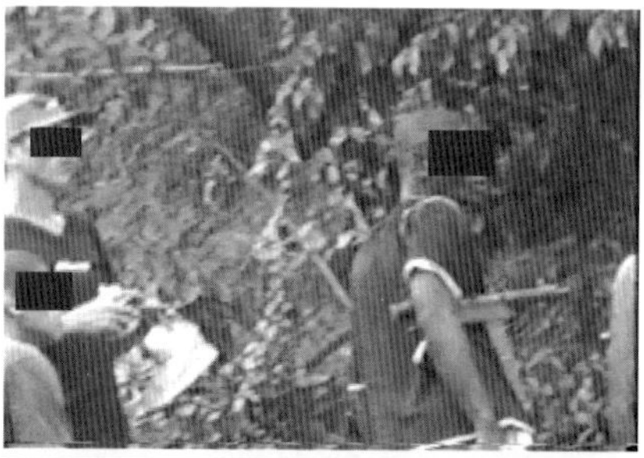

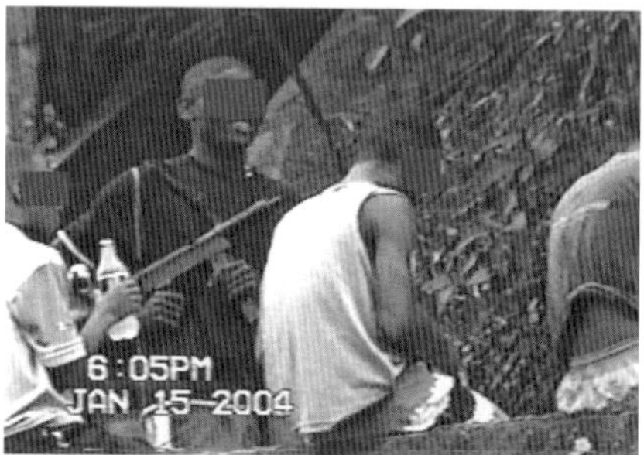
6:05PM
JAN 15-2004

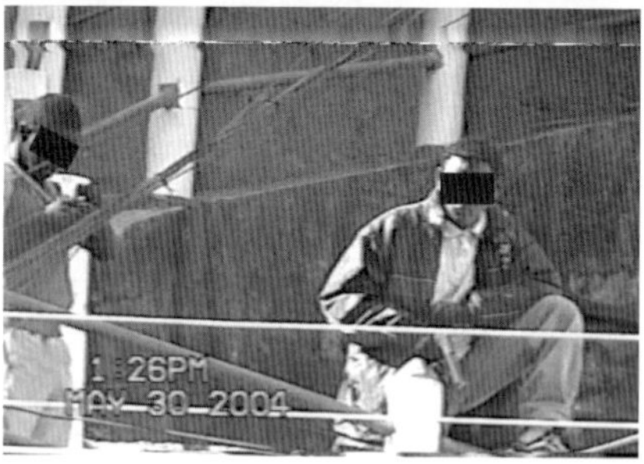
MAY-30-2004

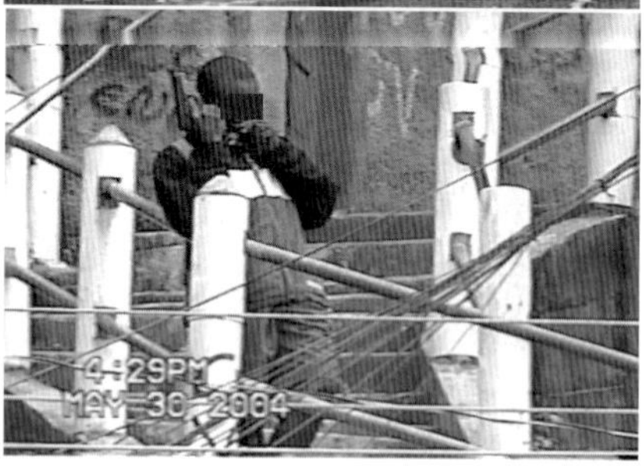
MAY-30-2004

**AMEAÇA**

"Estão cheios de fumo, ameaçando as pessoas, olha só! Esse cara é perigoso, ameaça morador. Estão ameaçando moradores desse prédio do lado. Meu Deus!"

"Olha aí, está ameaçando o porteiro, tem um porteiro aí, coitado, ninguém faz nada. Já não chamo mais polícia."

"Arma na mão, não estão nem aí. Esse moleque aí que está com uma pistola na cintura hoje me ameaçou, disse que ia me dar um tiro, mandou eu sair na janela para me dar um tiro porque ele estava aí gritando 'pó, pó, pó'. Eles me ameaçaram, todos armados, me olhando. Continuei a minha ginástica. Quando voltei, eles estavam aí com uma pistola e mandaram eu botar a cara na janela, que eles queriam me dar um tiro. 'Bota a cara na janela que eu quero te dar um tiro.' Fiquei quieta, não falei nada, não apareci. Eles são os donos, mas não vou parar de viver a minha vida. Se eles quiserem, podem atirar, eu vou fazer o quê? Já chega de andar me arrastando pelo chão fazendo essa filmagem. Estou com dor na coluna por causa disso. Tomo analgésicos todos os dias."

## ATENTADO

"Essa manhã, quando eu abri a janela, eles me deram um tiro. Mas eu não me assustei, continuei e eles ficaram todos olhando para mim com a pistola na mão. Fiz a minha obrigação, fechei a janela. Até agora está fechada, estou enclausurada aqui. Começou cedo. Não quero que achem que estou inventando, que estou mentindo. Quero mostrar, provar a arma pesada que eles usam. O meu vidro é à prova de bala, mas duvido que ele aguente uma bala daquilo. É à prova de tiro de pistola, de revólver. Esse vidro não aguenta um tiro de fuzil, vai espatifar."

## INVESTIGAÇÃO NO BATALHÃO

"Eu vou falar uma coisa aqui que é responsabilidade. Sei do que estou falando e o que já me aconteceu por causa disso. Esse batalhão tem que ser investigado, não é possível. Estou afirmando porque eu já sofri alguma coisa. Falei demais com pessoas, não o batalhão inteiro, claro que não é o batalhão, por isso que estou falando, tem que investigar, tem que procurar saber, bota escuta, como já fizeram em outros. Pelo amor de Deus, estou sofrendo terrivelmente aqui, encurralada. Investiga esse batalhão e não fica mostrando essa fita porque eles sabem quem é que está gravando. Esses malditos se espalham por tudo que é lugar, eles se espalham."

## IMPUNIDADE

"As autoridades não garantem a minha segurança. Olha lá, os valentões estão vendo como está a minha segurança aqui? Mas eu não vou me calar. Cada um com uma arma na mão, porque eles sabem que não tem punição nenhuma. Estão à vontade. Eles sabem que há impunidade. Nessa história, eles é que são as autoridades, estão mandando. O Bairro Peixoto virou propriedade de bandido, de traficante."

## JUSTIÇA LENTA

"Não posso confiar na Justiça. Estou com esse processo já tem dois anos. Quando eu chegar naquele fórum e me mandarem voltar pra casa, não sei nem o que pode acontecer. O processo é para eu ser indenizada e sair daqui. Ninguém me deu nenhuma audiência. Já levei fita pra provar. Ninguém me ouve. Chego lá de tarde, meio-dia, fico até sentada. Todo mundo feito gado em matadouro. Eu fiquei horas sentada. Eles botam uma porcaria de uma televisãozinha pra enganar as pessoas porque assim a gente fica sentada a tarde inteira, quando chega na última hora, mandam embora, voltar no mês seguinte."

## TIROS

"De noite, no escuro, aliás, não é só de noite não, de dia eles dão tiro aí. Começa a dar tiro às vezes de noite e de dia, um inferno também. De tarde começam a dar tiro pra intimidar as pessoas, para as pessoas se recolherem. Estou num lugar de risco, meu Deus. Como eu vivo assim? Durante o dia, eles não respeitam nada mais. Meu Deus! Meu Deus! Me ajuda! Isso aí é noite e dia, uma vez de madrugada, eu acordei com um monte de tiro, gente gritando, atirando, acordei assustada. Cinco e pouco da manhã teve tiroteio no Morro dos Cabritos em cima do túnel velho, no morro da Vila Rica do outro lado. Teve tiroteio na madrugada inteira. É uma desgraça, meu Deus do céu, a gente não dorme mais."

## FEIRA DO PÓ

## VICIADOS

"Vagabundos viciados ficam alimentando esses malditos traficantes. Vender drogas durante o dia no meio da rua, pessoas passando, e o negócio vendendo ali. Olha só. Cheirador e a vadia também no meio da desgraça. É isso aí. Essa sem-vergonha aí está sempre comprando drogas pra cheirar. Esse infeliz está sempre aí em cima, recebe muitos traficantes, uma estúpida."

**VÍCIO DEGRADANTE**

"Está com um saco de droga na mão, está armado também com a arma na cintura. Olha com a pistola na mão, esteve aqui embaixo com esse moleque imundo ali. Está gritando: 'olha o pó!' a noite inteira gritando. Essa hora da tarde a polícia passou aqui, um monte de carro da polícia, e nem olhou lá pra cima, nem olhou. Eles se esconderam e, depois que a polícia saiu, teve aqueles bandidos aí que desceram sem camisa, só de short, com a arma na mão, e eu aqui. Ele apontou a arma, está dando um troço aí para o motoqueiro."

FÉ
4:28PM
JUN 11 2004

6:00PM
FEB 8 2004

4:37PM
MAR 5 2004

4:36PM
MAY 14 2004

4:37PM
MAY 14, 2004

2:59PM
MAR 15 2004

1:04PM
APR 24 2004

1:04PM
APR 24 2004

6:34AM
MAY 22 2004

6:34AM
MAY 22 2004

4:54PM
MAY 29 2004

4:58PM
JUN 3 2004

4:58PM
JUN 3 2004

4:58PM
JUN 3 2004

3:36PM
JUN 5 2004

3:37PM
JUN 5 2004

4:56PM
JUN 5 2004

4:57PM
JUN 5 2004

4:04PM
JUN 7 2004

CV
4:04PM
JUN 7 2004

4:06PM
JUN 7 2004

4:31PM
JUN 9 2004

4:32PM
JUN 9 2004

4:33PM
JUN 9 2004

12:45PM
JUN 21 2004

5:49PM
FEB 3 2004

FEB 3 2004

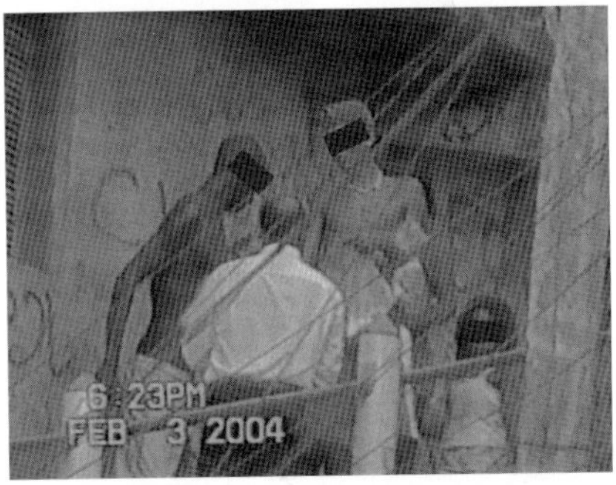
6:23PM
FEB 3 2004

6:36PM
FEB 4 2004

4:33PM
MAR 27 2004

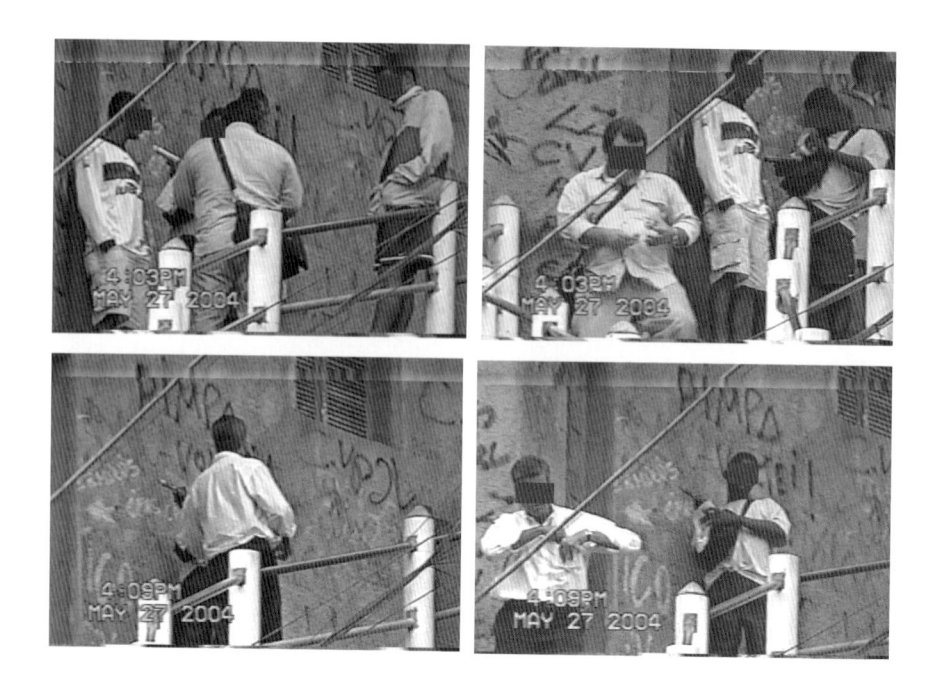

## BRINCANDO COM ARMA

"Está debochando, está deitado no chão, está com a arma na mão, olha só. Apontando a arma para a cabeça, por que o infeliz não aperta? Pega essa arma em direção à cabeça, que coisa horrível! Por que ele não aperta esse troço? Está com uma arma na mão e fazendo brincadeirinha, apontando a arma para a cabeça, mas só que não aperta. Que coisa ridícula, que coisa horrível!"

"A gente com esse tráfico, com um troço desses na porta da gente, ninguém tem segurança aqui, e os bandidos lá brincando de armas, brincando de deitar no chão, eles estão é com a cara cheia de drogas e estão cansados de ficar à noite."

## CONVIVÊNCIA INDESEJADA

"Olha só como as pessoas passam, não conseguem nem passar ali, olha só. A mulher lá com uma criança, quase não conseguiu passar. Que horror, meu Deus do céu!"

"No meio da rua, todo mundo passando. Olha o tamanho da sacola que deram pra ele, e aquilo ali não dá pra noite toda não. Tem mais aqui embaixo no quiosque, você está pensando que esse sacolão aí chega?"

## MULHERES E CRIANÇAS COMO ESCUDO

"Eles botaram umas mulheres nessa ladeira com umas crianças, ficaram sentados o tempo todo vigiando, agora as mulheres foram embora, levaram as crianças, e eles fugiram com as armas. Tenho que sair daqui, meu Deus, para viver num lugar seguro, onde eu possa ter tranquilidade."

"Quando a polícia aparece lá do outro lado, eles botam criança, botam mulher pra vigiar, botam gente, e, quando está numa boa, tudo tranquilo, aí descem eles."

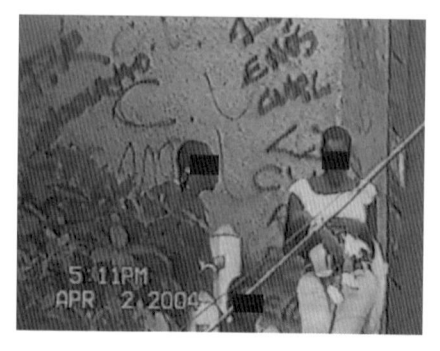

"Tráfico de drogas com a arma na mão, uma criança no colo. Um traficante com uma criança no colo!!!"

"Coitadas das crianças passando ali, e esses bandidos imundos com sacos de drogas. Olha só, não querem que as crianças passem ali, olha que cena macabra, que cena de terror, aquelas crianças... Que coisa terrível! Agora a polícia vem me dizer que é falta de calma, que aqui não tem nada, que aqui é o paraíso, o que é isso?"

## OPERAÇÃO POLICIAL

"A Polícia Militar passava meio-dia com um monte de carro. A polícia está lá dentro mesmo, lá dentro com um monte de carro lá na Vila Rica, ele se escondeu. Agora acabaram de subir daqui da rua com essas armas, tranquilo, acabaram de subir aí e a polícia está do outro lado. Desceu um policial com um fuzil na mão do outro lado, mas não querem entrar ali. É um mistério, a polícia não entra e não sei por quê. Eles sabem o que está acontecendo ali, sabem muito bem."

## O DESCRÉDITO DA POLÍCIA

"O desgraçado continua cheirando, e o maldito policial vem me dizer que não tem nada disso, que eu estou inventando, que falaram pra ele que isso aqui é tranquilo e não tem nada, e estão me desmentindo... brincadeira, é brincadeira."

"Eles não estão nem se incomodando quando a polícia passa, antes eles se escondiam, agora não estão nem mais se escondendo."

"Essa hora da manhã, pessoas perigosas, más, perversas não estão nem ligando para a tranquilidade das pessoas, não respeitam os direitos. [...] A polícia passou aqui de manhã, fez uma pantomima aí com arma, desceram do carro, eles se esconderam, e agora voltaram todos. Adiantou a polícia estar aí? A polícia vai ao lugar errado! A polícia desceu aqui na ladeira de arma apontada com fuzil e foram embora. A polícia está tão despreparada, meu Deus do céu, não tem estratégia nenhuma, eles vêm assim, não sei por quê, de qualquer maneira, e depois vão embora. Tem que ter uma estratégia, uma coisa organizada, tem que espionar aqui, fazer uma espionagem bem discreta como foi feito em 1995 ou 1996. Uma coisa bem-feita. Vieram aí, observaram, olharam, infiltraram, teve aí um policial à paisana que se infiltrou como se fosse um cheirador, e de repente, quando eles atacaram, pegaram."

"Olha a gandaia aí. A polícia acabou de sair daqui, passar correndo de carro, e eles ali de rádio de escuta se comunicando. O rádio de escuta na mão e a arma na outra. Olha o tamanho da arma do cara, olha o tamanho! Acabaram de passar aí quatro carros da polícia, eles se esconderam, pensei que não ia ter mais nada hoje."

"Policiais lá, eles têm que fazer uma estratégia melhor. Têm que fazer um cerco. Se quiser uma orientação, meu filho, fala comigo, eu vou te orientar como vocês devem agir, que desse jeito vocês vão pegar ninguém não, hein?"

## SENDO VIGIADA

"Eles agora estão de binóculo, estão olhando pra cá de binóculo. Vou ficar bem afastada para não ser enxergada. Agora vou ter que me cuidar mais porque eles agora estão usando mesmo. Esse infeliz aí é perigoso, tenho que tomar cuidado agora, Deus me livre. Arma na mão e agora estão com um binóculo possante. Se eu pudesse, ia comprar um também pra ver a cara de vocês bem dentro do olho. O que será que eles tanto observam? Binóculo possante, isso é uma novidade. Vi eles olhando muito pra cá, e eu estava desconfiada de que isso ia acontecer."

"O moleque está lá vendendo drogas para o motoqueiro, vagabundo, olha só. Está caro, notinha de 20, está caro, hein. Olha a cara da infeliz. Olha lá, preparando um baseado, como é que pode essa canalhada, como é que pode, com a arma na cintura, todos eles armados, todos. E aí a polícia passa aí e diz que não vê a arma."

"O pessoal passa, passa, criança, mulher com criança no colo, ninguém faz nada, ninguém se mexe, as autoridades estão fartas, estão fartas mesmo de saber de tudo isso, sabem hora, sabem local, sabem tudo."

"Quando o infeliz compra muita droga, que fica alucinado, puxando dez, quinze papelotes, em geral vem um armado aí para fazer a guarda. Mas que vergonha, olha só, guarda-costas, olha só, olha a carinha dele. Fica à vontade, pode cheirar que eu estou aqui, pode endoidar que eu estou aqui, olha outro lá, tem mais um!"

5:49PM
FEB 28 2005

5:47PM
FEB 28 2005

4:16PM
JUN 24 2005

4:17PM
JUN 24 2005

2:47PM
DEC 26 2004

9:52AM
APR 10 2005

"Esse casal sem-vergonha já esteve essa semana aqui; a mulher já pelou a cabeça. Ela é cabeluda e hoje está careca, está careca, a desgraçada, raspou a cabeça, está tremendo, está doidona. É uma louca varrida, pelou a cabeça, a desgraçada raspou. O que é isso? Ela fuma, ela puxa, ela cheira, ela faz tudo, está doida, raspou a cabeça, a bicha é louca mesmo, ela está alucinada, cruz-credo! [...]. A que ponto chega um infeliz que usa drogas, se dana todo. Olha a cara da infeliz, é louca varrida, olha a cara do infeliz. Eles cheiram, eles puxam maconha, fazem de tudo, é um absurdo, é uma degradação total. Deus me livre. Ela esteve aqui bem no sábado à tarde, já perdeu os neurônios, está até mastigando, fazendo um gesto estranho. Já cheiraram, essa infeliz tem um gesto esquisito, que diabos deu na cabeça dela de raspar a cabeça, que horror, puxaram maconha e agora cheiram, ela lambe o troço ali, ela lambe o pó, cruz-credo, a bicha é doida! Ave-Maria, ela come pó, os outros cheiram e ela come, está rasgando o papel, que loucura. Ela cismou de vir fazer essa desgraça logo aqui debaixo da minha janela. Se eu tivesse uma espingarda, eu dava um tiro bem na fuça. Que é isso, o que essa desgraça está fazendo, está botando pó, olha o canudinho... isso bem debaixo da minha janela, é um desaforo. [...] Deus me livre, que horror. A desgraçada lambe o papel, ela não quer perder nada, agora é o canudinho, olha só. Agora é o cheiro, e ela lambe, lambe. E ela tem uns gestos, está doida. Ela não está nem aí com quem passa, que loucura, ela está uma louca varrida, tem dois papéis, um na mão, e eles puxaram maconha. Olha mais um vagabundo lá, comprando pó, comprou já, rápido, hein? O cara é rápido no gatilho, já foi lá, comprou, desceu. Que horror, bem na cara da polícia, que vergonha. [...] Que coisa terrível, Ave-Maria! E eu aqui no meio dessa coisa toda."

## UMA ANDORINHA

"Não estou sabendo mais o que fazer. Completamente atordoada. Agora, por culpa de quem? Por culpa do Estado. Por culpa de quem tinha que estar tomando conta disso aí, força militar, civil, ninguém está fazendo nada. Eu que estou fazendo o quê? Estou fazendo papel de maluca aqui. Estou fazendo a minha parte. É uma andorinha só fazendo verão. É isso aí. Eu sou uma andorinha só fazendo verão, sozinha. Sem o auxílio de ninguém, mais ninguém. É uma maldição. Isso é noite e dia."

## MENORES NO TRÁFICO

"Ter que conviver com isso não é brincadeira, não é mesmo. Olha só, dois menores, esse aí pode ser considerado criança. Esse pretão aí não sei se é menor, mas esses aqui são pré-adolescentes."

"Esse moleque mirim, aprendiz de bandido, de traficante. Olha só a posição dele, a verdadeira posição do bandido, são os aprendizes. Olha só que beleza, e eu aqui, pagando os meus impostos, sustentando autoridades babacas. Olha aqui o resultado, o resultado é esse. Eles dão ordem: 'isso é uma ordem'. Quem não for, morre. Eles estão dando uma ordem séria, não é brincadeira não, desceu todo mundo, não é brinquedo não, está vendo? Não sei de quem é a ordem, mas é ordem séria, não é para brincadeira, não, o negócio é sério."

"Que pouca-vergonha, aguentar isso na minha janela. O que é isso? A pistola é maior do que ele, na cintura, que desgraça. Essa maldição tem cara de menor, tem cara de 17, 16 anos, por aí. Esse cara não é maior não, maior é a pistola que ele tem na cintura e que de vez em quando ele tira e fica apontando para um lado e para o outro. Esse moleque aí está sempre armado."

## DESILUSÃO COM A POLÍCIA

"Meu Deus do céu, me socorra, meu Deus! Me socorra, meu pai do céu. Ai, meu coração está pulando, só falta sair pela boca. Meu Deus do céu, mas que desacato. Isso é desacato total. Ai, meu Deus. Assim não dá, meu Senhor. Eu queria tanto ser feliz aqui, meu Deus! Já foi tão tranquilo aqui. Já foi um lugar tão maravilhoso. Acabou! Ah, meu Deus. Chamar a polícia para quê? Para quê? Não vai resolver, vai piorar a situação. Em vez de melhorar, vai piorar. Vai chamar para quê? Eles chegam aqui, não fazem nada, não resolvem nada."

"Já fui debochada aqui pelos policiais. Debocharam, fizeram piadinha."

## DESÂNIMO

"Estava fazendo um trabalho de desenho, estudando desenho, acabou também, não posso, acabaram meus desenhos. Acabou. Está tudo jogado aí. Meu quadro que eu estava pintando, também. Nunca mais consegui. Primeiro, que eu não vou conseguir pintar com a pistola apontada para mim. Depois, que eu não tenho nenhuma condição de pintar. Meu estado psicológico não dá para chegar, pintar, desenhar, não dá mesmo. O que eu vou fazer? Estou jogada aqui, feito uma maluca."

## FUNCIONAMENTO DA BOCA DE FUMO

"Não é possível pegar todos ao mesmo tempo. Há muita gente. É muito bandido. Bandidos vêm para cá, vão para lá. Alguns descem para cá, vão para a Praça Vereador Rocha Leão. Pelo lado da Rua Figueiredo Magalhães, pelo lado da Rua Siqueira Campos, Rua Santa Clara, sei lá para onde essas maldições vão. Sei que eles vêm para cá e haja câmera para captar isso. Eles se comunicam o tempo todo, não sei com quem. Deve ser com a chefia deles, lá. Como é possível, essa hora da tarde? Deus me livre. Isso é realmente zombar. Vejam só. Dia claro. Eles agora não agem mais só de noite, não, vejam só. Um tempo atrás, ficavam armados lá em cima e aqui embaixo à noite. Agora não, virou uma farra."

## OS DESABAFOS E AS FILMAGENS DAS ÚLTIMAS SEMANAS

"Uma desgraça dessa vivendo dessa maneira é muito difícil, muito triste, mas não dá para ficar mais dessa maneira, não dá, eu não fico mais de jeito nenhum. Nem que eu tenha que dar de graça isso aqui porque não é possível o estado psicológico. Estou tendo um monte de coisa por causa disso de noite. Não consigo mais dormir. Ter que largar tudo isso aqui e sem saber como vai ser o meu futuro, como é que vai ser o futuro de uma pessoa de 80 anos que batalhou desde criança para conseguir o que tem, alguém me explica?"

"Eu vou ter que sair daqui para um negócio de proteção à testemunha, mas eu vou falar com minha família. Vou ligar para o meu irmão. Quando eu escolher o lugar, vou ligar para o meu irmão, para minha irmã. Esse negócio é complicadíssimo, esse negócio vou ter que sair daqui sozinha, não tem ninguém assim da família para ficar junto."

9:47AM
JUL 21 2005

9:47AM
JUL 21 2005

5:39PM
JUL 28 2005

LUBRAX
5:03PM
JUL 29 2005

4:39PM
JUL 31 2005

4:51PM
AUG 5 2005

4:42PM
AUG 19 2005

4:37PM
AUG 21 2005

4:37PM
AUG 21 2005

4:37PM
AUG 21 2005

4:38PM
AUG 21 2005

7:08AM
AUG 22 2005

3:46PM
AUG 22 2005

4:38PM
AUG 22 2005

## 29. Uma noite sem tiros

Dona Vitória não conseguiu dormir em sua primeira noite fora do apartamento onde morou durante 38 anos. Quando o dia clareou, agitada e ansiosa, pediu a um dos policiais que a escoltavam para comprar um exemplar do *Extra*, onde estaria publicada sua história.

Poucas horas depois, a fama e o estrelato que ela não fez questão de ter a atropelaram. O *Fantástico* queria uma entrevista. Precisava encontrar-se com o secretário estadual de Segurança Pública, Marcelo Itagiba. Tudo isso em sigilo. Já estava escondida em um hotel, sob a proteção da Subsecretaria de Inteligência.

Àquela altura, ela já não imaginava mais me ver. Mas escrevi um cartão, em nome da equipe do *Extra*, o jornal que ela escolheu para publicar sua história de vida. E me preparei para o reencontro, que, na realidade, seria uma despedida. Acordei cedo e procurei uma fotografia que tiramos juntos. Imprimi e escrevi uma dedicatória.

Quando a encontrei, Dona Vitória comemorava a repercussão dos registros e o resultado: quinze traficantes e sete PMs presos até aquele momento.

— Estou de alma lavada. Foi por tudo isso que batalhei, sabia que teria um bom resultado. Sinto-me realizada, valeu a pena. Aquela gente mereceu — disse ela.

Estava tão feliz que nem mesmo o esquema de segurança montado para protegê-la a incomodou. Quando soube das prisões, comemorou com os policiais que a acompanhavam.

Entreguei as flores, a foto com dedicatória e dei um longo abraço naquela senhora que mudou a minha vida. Ensinou-me uma das mais importantes lições do jornalismo: a humanização, a valorização e o respeito que devemos às pessoas que povoam as histórias que contamos. Dei-lhe um beijo e entreguei-lhe um chaveiro do santo guerreiro, São Jorge, do qual somos ambos devotos.

— Quero que a senhora fique com esta lembrança para não se esquecer de mim. É para guardar as chaves do seu novo lar — disse a ela, que ficou emocionada.

Estava na portaria do prédio onde nos encontramos quando ela saiu e entrou num carro, sob forte escolta de agentes da SSI e da Coordenadoria de Recursos Especiais (Core) da Polícia Civil. Deixei o prédio sem entrevistá-la. Achei que o encontro era só para me despedir. À noite, quando fechava as matérias, percebi que faltava o principal: a impressão dela sobre a repercussão do caso. Pedi auxílio ao major da SSI que comandava a proteção da então heroína. Havia uma policial feminina junto de Dona Vitória. Consegui entrevistá-la pela última vez usando um rádio Nextel.

## 30. Vida nova

Durante o período em que estivesse no Programa de Proteção à Testemunha, Dona Vitória poderia ter suas despesas pagas integralmente pelo governo. Não quis. Preferiu arcar com seus gastos de alimentação, roupas e objetos pessoais. A atitude surpreendeu até mesmo os funcionários que trabalham no programa. Ela só aceitou que o governo pagasse seu aluguel, luz e água.

— Não quero viver à custa do Estado. Trabalho desde os 10 anos de idade — explicou Dona Vitória a uma coordenadora do programa.

A mesma funcionária relata o diálogo que teve com ela ao embarcar na aeronave que a levaria, para sempre, do Rio de Janeiro.

— Dona Vitória, a senhora está nervosa? — perguntou.

— Não, estou muito calma.

A funcionária completou, tentando parecer firme:

— Não se preocupe. Eu vou cuidar de você.

## 31. A difícil vida no Programa de Proteção

O turbilhão de acontecimentos demorou a se dissolver mesmo quando Dona Vitória ingressou no Programa de Proteção a Vítimas e Testemunhas Ameaçadas do Estado (Provita-RJ). Os dias seguintes pareciam gincanas até se fixar no "pouso" fixo, como a rede de proteção chamava o lugar onde ela viveria. Ela passou por Minas Gerais e Distrito Federal. Diferentemente do imaginário construído por meio de filmes americanos, quando falamos em proteção à testemunha pensamos em uma estrutura como a do FBI (Federal Bureau Investigation), com uma casa própria, um novo nome e uma nova vida escrita pelo governo. Não era o modelo brasileiro. Mas a premissa era a mesma: ao ser acolhida, ela jamais poderia voltar a ter contato com parentes e amigos.

Começar do zero, com círculo de amizade restrito, era a única opção possível para Vitória. Fazia parte do acordo. No Brasil, o programa prevê que uma pessoa pode ficar sob a guarda do Estado por dois anos, com possibilidade de prorrogação por mais dois. Quando termina, o protegido conta apenas com o próprio sistema de cuidado. Diante de tais condições, os objetos pessoais de Joana – como móveis, quadros, roupa de cama e até fotografias – foram embalados e colocados num guarda-móveis. Nada seguiu com ela. Nem mesmo o meu número de telefone. Respeitar as regras significava preservar a própria segurança, assim como a de todos que faziam parte da rede de proteção.

Levou semanas até eu receber uma ligação da coordenadora do programa no Rio de Janeiro. Ela avisou: "A nossa querida quer falar com você". Era o fim de uma agonia, pois eu continuava preocupado com a adaptação a uma vida cheia de restrições. Até ir ao banco pagar contas e sacar o dinheiro da aposentadoria era algo que a distraía. Desde que ficou sob proteção, nem mesmo contato com o cartão do banco ela tinha. O sistema precisava ser perfeito. O dinheiro era sacado por alguém do programa em outro estado, depois transferido para um membro da rede, que entregava o valor pedido por ela. Uma forma de evitar que o local de pouso fosse rastreado por meio da movimentação bancária.

Fiquei eufórico para o dia da conversa. Só precisava garantir o sistema de segurança, pois temia que meu celular ou mesmo o telefone do jornal estivessem grampeados. Combinamos, então, uma forma com mais segurança. Escolhi um telefone público, que ficava no prédio do jornal, para falar com ela. Passei o número para a equipe do Rio de Janeiro, que enviou o contato para uma das pessoas que protegiam a Dona Vitória.

A ansiedade tomava conta de mim no dia do telefonema. Foram muitas noites mal dormidas até conseguir ouvir a voz dela e ter certeza de que estava tudo bem. E o dia chegou, e a ligação veio na hora combinada: às 13h. Atendi ao telefone no primeiro toque e a voz era inconfundível: "Oi, menino! Como vai?", seguida de uma gargalhada que era uma de suas marcas registradas. Eufórica, ela queria saber quais eram as novidades, se mais bandidos haviam sido presos e o andamento do processo de indenização que movia contra o Estado – que já corria em segunda instância do Tribunal de Justiça do Rio de Janeiro. Respondi tudo calmamente. Quis saber como estava a nova vida, como eram o local e as pessoas com quem convivia, e se estava sendo bem tratada. Dona Vitória, ainda radiante, era só elogios. Disse estar num lugar lindo, onde todos cuidavam muito bem dela, sobretudo o padre que coordenava o local em que morava. O telefonema durou cerca de quinze minutos. A despedida foi com a promessa de voltarmos a nos falar em breve.

Falar com ela e escutar a sua voz era aquilo de que eu precisava para ficar mais calmo. O alívio por saber que estava bem e gostando do lugar me tranquilizou. Comecei a rir quando ela me chamou de menino. Era possível perceber, no tom da minha voz, a alegria em poder ouvi-la depois de tanto tempo. Apesar de querer saber detalhes de como estava a vida dela, a adaptação dela ao novo lugar de moradia, entre outras curiosidades, tive que esperar e responder a tudo que ela queria saber. Mas o que importava era uma coisa só: ela estava bem!

No dia 31 de agosto de 2005, seis dias depois de ela deixar o Rio, o juiz João Luiz Ferraz de Oliveira Lima, da 8ª Vara de Fazenda Pública, condenou o Estado a indenizá-la. Diz um trecho da sentença:

> Julgo procedente o pedido, para, nos termos da fundamentação supra, condenar o réu a pagar à autora indenização por dano material no valor a ser fixado em liquidação de sentença [...] a título de indenização por dano moral, atualizada monetariamente.

Ela só soube da vitória na Justiça semanas depois, quando descobrimos o resultado. Eu lhe contei por telefone, e, mais uma vez, ela ficou animada. Na sentença, o juiz determinou que o valor fosse pago com juros e correção monetária e de imediato. E destacou que o pagamento era urgente devido à idade dela, 80 anos. A decisão foi considerada ousada, já que até aquele momento era incomum que houvesse sentenças dessa natureza contra o Estado. A quantia a ser paga, em precatório, era de R$ 150 mil em valores da época. No entanto, o que parecia um desfecho continuou sendo uma saga: o Estado recorreu da decisão no Tribunal de Justiça.

O recurso irritou Dona Vitória. Cansada de esperar, queria receber o valor para poder comprar um apartamento num lugar melhor. Para ela, o que provara com as filmagens era o suficiente para que a Justiça decidisse a seu favor. Eu acreditava ser questão de tempo até ela vencer mais uma etapa e finalmente receber o dinheiro.

As semanas seguintes foram sem contato. Até que, em uma nova conversa, obedecendo a todos os protocolos, ela já demonstrava sinais de cansaço com a vida de privação de liberdade que passara a levar. Dessa irritação, surgiram as primeiras reclamações sobre algumas pessoas que cuidavam dela. A narrativa apresentada por Dona Vitória era de que não tinha acesso ao dinheiro da aposentadoria e que até ficavam com parte do valor.

Era difícil de acreditar nesses relatos porque eu não tinha prova alguma deles, mas era impossível ignorá-los. Eu não sabia o lugar onde ela vivia, nem conhecia as pessoas que cuidavam da sua segurança. Ficar dividido era natural.

Assumi a postura de não perguntar nada para a coordenadora do programa no Rio de Janeiro. Até que Dona Vitória, para minha surpresa, ligou para o meu celular. Ela havia levado o número escondido. Já atendi nervoso e preocupado, pensando que algo pudesse ter lhe acontecido. O telefonema foi só reclamação. Ela dizia estar passando fome e não ter dinheiro para nada. Não adiantava eu falar que era perigoso ela me ligar. Ao mesmo tempo, era a única forma de eu saber se estava bem.

Vitória começou a se corresponder comigo por cartas. Chegou a mandar fotos do local onde vivia, mostrando as coisas bonitas do lugar;

além, é claro de prosseguir nas reclamações. Enviou foto com o padre, em que aparecia ajoelhada ao lado dele, e também dos dois em um jardim florido. Ela estava com o cabelo repartido do lado, camisa azul e maquiada. À frente deles, uma rosa vermelha ganhava destaque na cena. O padre era uma das pessoas que ela começou elogiando no início do processo, mas contra quem se viraria meses depois.

Na primeira carta, ainda com medo de ser encontrada, ela escreveu uma recomendação no envelope: "Olha só, Fábio, por favor, rasga o envelope. Não deixa que ninguém veja, porque deve ter o selo do lugar onde estou, pois é perigoso. Esse remetente é fictício. Obrigada, mano. Que Deus te abençoe. Saudações. Vitória da Paz".

O remetente era alternado nas correspondências. Nesta primeira carta, o nome era Ana Cristina – codinome que lhe deram na rede de proteção. Em outra, a assinatura era masculina. E realmente os selos entregavam o estado onde ficara escondida, no Sul do país. Numa delas, Dona Vitória me passou a missão de me comunicar com antigos amigos seus para saber como estavam. Era uma tentativa de não perder os contatos queridos que fizera havia tantos anos. Sentia falta deles:

> Esse é o telefone da Dona Odete, em Ipanema, quero saber como eles estão; ela e o doutor Sebastião. Fala que estou com saudades de todos! Em Copacabana, dona Bita e o Mauro, fala que também estou com saudades. Desculpe a minha mão estar tremendo. Depois mando uma fita. Um abraço, beijos.

Ela me informou o endereço onde estava escondida e eu lhe enviei R$ 200,00 dentro de uma carta. Mudei o nome do remetente. Era a forma escolhida para ter certeza de que receberia a quantia, já que seu acesso a uma conta bancária era inexistente. Aquele valor saíra do meu bolso e havia sido uma tentativa de evitar que ela passasse por privações, das quais se queixava. Por causa da segurança, eu não tinha contato permanente com as pessoas do programa, então confiava no que ela dizia, que estava sem dinheiro para as despesas do dia a dia. Ao mesmo tempo que eu sabia do risco de descobrirem o nosso contato, não podia deixá-la desamparada. Era o que ela afirmava, reclamava do programa, e eu acreditava. E a explicação que me davam era de que a aposentadoria dela era sacada, e o valor, entregue a Dona Vitória.

## 32. Viagem à Itália e a saída do programa

Impaciente com a falta de movimentação do processo em segunda instância, e em crise com o Programa de Proteção à Testemunha, Dona Vitória decidiu realizar o sonho de viajar ao exterior. Era maio de 2006. Ela começou a organizar a viagem para a Itália um mês antes, e programou uma visita a um sobrinho que não via fazia anos. Eu só o conhecia pelas histórias que ela narrava nos nossos cafés. Foi dessa forma que fiquei sabendo sobre parte da família dela, pessoas com quem ela mesma não se encontrava havia um bom tempo e sobre quem ficava sabendo pelo que lhe contavam por meio de ligações e fotos.

A iniciativa me deixou apreensivo. Como garantir que ela ficasse segura na Europa? Vitória foi irredutível. Recebi um telefonema da coordenadora do programa para avisar sobre a decisão dela. Deixou claro que isso implicava uma questão prática: ao viajar, ela deixaria de fazer parte da rede de proteção do estado, vivendo por sua conta e risco. Avisada do perigo, ela foi irredutível e quis aproveitar a companhia do padre amigo e conhecer o Vaticano. E assim foi feito.

Em abril de 2006, Vitória iniciou o processo para deixar o programa. Para isso, teve que retornar ao Rio, no Ministério Público Federal (MPF), e formalizar o desligamento, além de tirar o passaporte. Entre outros membros do conselho que geria o Programa de Proteção que estava presente no momento do desligamento, o então procurador Marcelo Miller, que presidia o grupo, explicou que a decisão era irrevogável. Também afirmou que, caso Vitória precisasse de alguém para resolver as partes práticas aqui no Brasil, ninguém da rede poderia mais o fazer. Ela já não era mais responsabilidade deles.

Vitória me pediu que fosse seu procurador nesse período, o que era necessário para movimentar a sua conta, sem riscos de perder o dinheiro necessário para pagamento de passagens e despesas de viagem. Aceitei, sem pensar nas implicações disso – como fiz várias vezes em que ela precisou de mim, desde que a conhecera. Emoção acima da razão. Formalidades realizadas, Dona Vitória seguiu para Milão com o padre, que aproveitaria para visitar o pai italiano.

Demorou alguns dias até que ela fizesse contato comigo. Primeiro foi por e-mail, com a ajuda do sobrinho dela. Depois de trocarmos contatos de Skype, na primeira ligação por vídeo, ela me cumprimentou e já estava falando *"buongiorno"* e *"buonasera"*. Queria mostrar que o italiano estava afiado. A cada vez que repetia os cumprimentos locais, a gargalhada cheia de alegria vinha em seguida. Depois, emendava contando do turismo que havia feito, dos locais que conhecera, e também mostrava a família.

Numa das conversas, Vitória começou a se queixar do padre. Ela, mais uma vez sem apresentar provas ou indícios, afirmava que ele estava roubando o seu dinheiro da viagem. Disse que não confiava mais nele, e só o atendeu por telefone uma vez enquanto esteve na Itália. Na última conversa, segundo Vitória, o padre informou que ela deveria trocar a passagem, pois a que tinha havia perdido a validade.

— Quando perguntei sobre o dinheiro que ele disse que depositaria na conta do meu sobrinho, ele desligou. Meu sobrinho disse que ele nem pegou o número da conta bancária dele — relatou.

Perguntava se ela podia provar, porque eu queria ajudar. Mas ela apenas repetia não ter muito dinheiro e que ele a havia deixado com poucos euros. Era perceptível que Dona Vitória começava a fazer confusão com o dinheiro que gastara com passagens e a compra de moeda estrangeira. Descontrolada financeiramente, gastava mais do que tinha, sem fazer direito as contas de conversão e do que levara na viagem.

Permaneceu quase um mês na Itália até decidir voltar ao Brasil. Sem fazer contato comigo, retornou sem o auxílio de ninguém, apenas do sobrinho, que a ajudou na hora do embarque. Fiquei preocupado com a falta de notícias durante semanas. O mesmo aconteceu com as pessoas do Programa de Proteção. O padre também não entendia o sumiço dela.

## 33. Volta ao Brasil e o reencontro com o irmão

Só soube do paradeiro de Vitória quando recebi uma mensagem de um de seus sobrinhos, no dia 13 de junho de 2006. Ele encontrou meu e-mail pesquisando na internet, e escreveu:

> Meu contato se faz para agradecer a você pelo carinho dedicado a D. Vitória, recentemente assisti ao programa exibido pela TVE Casos de Justiça e pude perceber seu respeito, sua consideração por ela, isso nos emocionou muito. E quero ser o portador de uma boa notícia (se é que você já não sabe): ela já está de volta ao país, chegou no domingo e veio direto para Mato Grosso. Meus avós estão viajando para o interior do estado e voltam para nossa cidade no dia 20, e ela, como estava mais próxima deles, resolveu acompanhá-los e virá para cá com eles. Bom, era isso. Se quiser, fique à vontade para me ligar e mais à vontade ainda se quiser e puder vir nos visitar e registrar esse reencontro dela com seu irmão.

A mensagem me acalmou, mas já mostrou que ela estava contrariada com a situação. Não ter me procurado era o principal sinal. Ela continuava acreditando que fora ludibriada pelo padre que havia conhecido no programa – o que nunca ficou comprovado – e que ninguém a ajudara.

Quando nos encontramos, Dona Vitória me revelou que pedira ao sobrinho que me respondesse desmentindo que ela já havia chegado na cidade.

— Decidi que voltaria e não faria mais contato com ninguém. Ia dar um susto — revelou ela.

O sobrinho obedeceu ao pedido, mas estava claro para mim que era mentira:

> Olá, Fábio! Pois é, infelizmente não tenho mais notícias dela. Eu disse a você que ela estaria vindo nos visitar, mas não apareceu ainda. Ela já está no país, como lhe disse, mas não veio nos visitar ainda. Lembra que tinha dito que ela estaria na capital? Pois é, foi uma grande confusão. Ela ligou para meu avô dizendo que tinha chegado. Meu avô confundiu tudo, pensou que ela já estava aqui no estado. Estou aguardando-os (meus avós) chegarem para saber mais detalhes. Acredito que ela esteja no Norte, na casa da outra irmã dela. Falei com meu avô ontem, para saber dela e entender por que ela não tinha chegado aqui. Ele disse que se confundiu. Ela deve vir aqui ainda este mês, meu avô não quis me dar muitos detalhes por telefone, disse que quando chegar aqui conversamos. Acredito que ela esteja ainda meio receosa em dar notícias, mas deve estar mesmo na casa da irmã dela. Meus avós chegam na segunda-feira, aí terei mais notícias, e te conto, se bem que estou achando que ela vem com eles. Eles são cheios de segredos e adoram uma surpresa. Te informo depois, me desculpe pelas informações incorretas.
> Forte abraço!

Demorou quase dez dias até eu conseguir falar com ela. Assim que voltou de viagem com o irmão mais velho, que não via fazia anos, decidiu me ligar. Até o reencontrar, Vitória só tinha contato com ele por telefone, momento em que colocavam os assuntos em dia. Essa conversa aconteceu poucas vezes em décadas. As histórias que ela me narrava sobre ele eram mais antigas, o que mostrava pouco contato.

No dia da ligação, senti um misto de alegria e curiosidade. Queria entender os motivos que a levaram a sumir e deixar de falar comigo enquanto estava na Itália. Eu já sabia que ela não ligaria mais para o padre, mesmo que não tivesse evidência alguma das acusações que fazia contra ele.

Do outro lado da linha, alternando alegria e certa irritação, Dona Vitória disse que não estava satisfeita com a demora no julgamento do seu processo. Seguiu reclamando, dizendo que não confiava mais nas pessoas do Programa de Proteção, principalmente no padre – o qual, mais uma vez, acusou de ter levado parte do seu dinheiro durante a viagem, o que nunca foi comprovado por ela.

Sua insatisfação com a situação começou a piorar. Estava claro que eu precisava me encontrar com ela para tentar ajudar em algum tipo de negociação.

Depois de muita conversa, consegui fazê-la perceber que a rede de proteção ainda era a melhor alternativa. Mas não foi fácil. Ela queria impor condições para o reingresso. Na realidade, pelo regulamento do programa, o retorno não seria mais possível. Até para virar um protegido do Estado, a testemunha precisa passar por uma sabatina com membros do Conselho Deliberativo do Programa de Proteção às Testemunhas Ameaçadas (Condel). O reingresso, portanto, apesar de eu saber não ser uma possibilidade, foi a minha cartada final para tentar convencê-la a mudar de ideia e aceitar essa possibilidade. O que ela queria era receber a indenização e comprar um imóvel para morar no Rio de Janeiro, o que estava fora de questão justamente por ter denunciado uma quadrilha de traficantes com a qual policiais estavam envolvidos.

O segundo passo era conversar com o procurador Marcelo Miller, que presidia o Condel. Precisava convencê-lo a levar o caso inédito para ser debatido no conselho. Ele estava irredutível. Repetia as normas do programa, os riscos que isso poderia representar para o Provita e a todos que integravam essa rede de proteção. Meu principal argumento para defender a volta foi simples: quem entenderia que o Condel não autorizara o reingresso se algo grave acontecesse com ela? Como jornalista que acompanhou todo o processo durante mais de dois anos, teria que escrever sobre os bastidores e a inflexibilidade do grupo que deveria cuidar de vidas. Noticiar o que era fato. Convencido, ele aceitou levar o caso para o conselho deliberar. Combinei com o procurador que acertaria os detalhes e as condições de Vitória para seguir o plano de retorno.

Enquanto a reunião não acontecia, levei a questão para os editores do *Extra*. Decidimos que seria importante que eu a encontrasse em Mato Grosso, onde ela estava. Comecei a procurar passagens para Alta Floresta, que fica a 830 quilômetros de Cuiabá. Segundo dados do Censo de 2010, havia 49.164 habitantes no município. Comecei a pesquisar sobre o clima e as características da região, que tinha um aeroporto internacional.

Passagens compradas, parti para Mato Grosso em 10 de julho de 2006. Por causa de uma conexão com mais de uma hora de atraso em Brasília, não consegui pegar o voo de Cuiabá para Alta Floresta, o que causou uma perda de dois dias de viagem. Só havia um voo por dia para a cidade. E todos seguiam lotados. Me restava esperar num hotel em frente ao aeroporto. O combinado com a companhia aérea era que me encaixariam em caso de desistência, por isso eu não podia ir para longe. Aguardei, impaciente. Ligava insistentemente em busca de passagem. Enquanto isso, tentava me acostumar com o período mais seco e intenso das queimadas em Cuiabá. Época em que era quase impossível enxergar cem metros à frente devido à fumaça. Mesmo assim, arrisquei andar pela cidade em busca de uma comida regional. Foi quando descobri a carne de jacaré, iguaria dos restaurantes locais.

Por fim, consegui embarcar no dia 12 de julho, num avião bimotor da Trip, que fazia uma escala em Sinop, onde a aeronave reabasteceu usando uma bomba de combustível semelhante à de postos de beira de estrada. Cheguei ao Aeroporto Internacional de Alta Floresta, que tinha o tamanho de uma rodoviária de interior, durante a tarde. Peguei um táxi local, que fez duas curvas até seguir e percorrer quase três quilômetros de uma reta da Avenida Jaime Veríssimo de Campos, parando no hotel sete minutos depois, na Avenida Ludovico da Riva Neto, 2.950, no Centro. As 48 horas que passei em Cuiabá me ajudaram a me adaptar ao calor seco de cerca de quase 40 graus da região. O motorista me deixou no Hotel Estoril, hospedagem simples, abrigada numa grande casa de pavimento único que formava uma ferradura com quartos próximos um do outro, até chegar a um restaurante. A construção tinha uma cobertura com telhas em cerâmica, que tentava – inutilmente – fazer uma pequena sombra para proteger os clientes do sol na entrada do estabelecimento. O nome do hotel era escrito em letras grandes, em amarelo-ouro, por cima de uma parede verde, cor que cobria todo o estabelecimento.

Assim que desembarquei, avisei a Dona Vitória que havia chegado à cidade. Eufórica, ela foi me encontrar no hotel. Vestia uma blusa azul-clara, com flores bordadas, pulseira grossa de prata e fita vermelha no pulso, como as do Senhor do Bonfim. O rosto, como era de costume, estava manchado de branco, culpa de um protetor solar mal espalhado. Demos um abraço forte, saudoso. Entreguei várias reportagens sobre ela publicadas depois de sua saída do Rio, uma forma de mostrar tudo o que conseguira com sua atitude de coragem.

Fizemos algumas fotos juntos e começamos a conversar. Ela reafirmou estar aborrecida com algumas pessoas do programa – com o padre, principalmente – e sentindo-se abandonada. Ressentia-se de o processo estar parado no Tribunal de Justiça do Rio. Vitória fez questão de ressaltar que estava grata à família por ter sido acolhida. Frisou gostar deles, mas que não conseguiria se adaptar na cidade pequena.

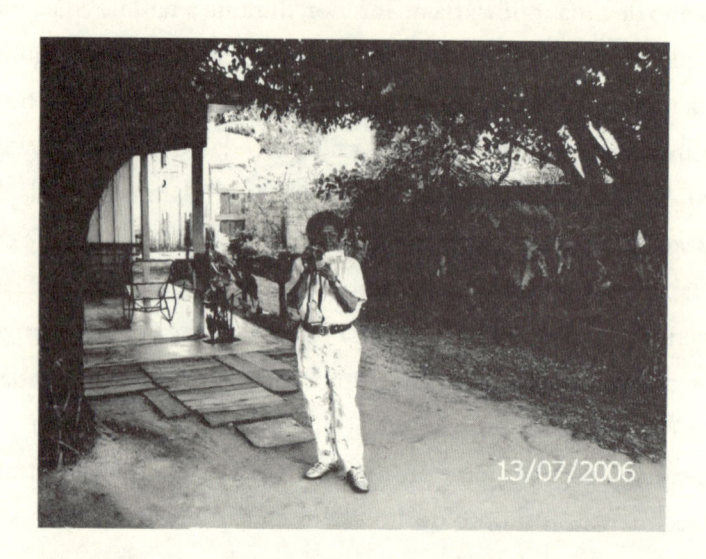

O barro de um vermelho bem forte cobria o chão da cidade, obrigando Vitória a lavar o tênis toda vez que saía para caminhar. O calor, somado ao clima seco da época do ano, era um dos principais problemas enfrentados por ela. O quarto da casa do irmão onde se hospedara tinha um ventilador pequeno e não havia armários para guardar suas roupas, que ainda estavam em malas quando a visitei.

Os poucos dias que passou em Alta Floresta geraram preocupação nos parentes. Ela ficava trancada o dia inteiro no quarto, nada falava e só saía para ver a novela. Seus familiares estavam apreensivos com a segurança de Vitória. O irmão e os sobrinhos me perguntavam se era seguro para ela voltar ao Rio, como queria. Eu respondia que o melhor era que ficasse com eles, por questões de segurança.

— Fico com medo de ela entrar em depressão — disse a cunhada, observando Vitória manipular a inseparável câmera durante o jantar.

No entanto, ficar naquela cidade não era uma opção para ela:

— Não estou acostumada com isso aqui. Para passar as férias é bom, mas não vou conseguir viver numa casinha de madeira ou num quartinho que meu irmão disse que construiria para mim. Quero voltar para o Rio, voltar a falar com os meus amigos, voltar a trabalhar. Vou esperar para ver o que fazem comigo. Minhas coisas estão todas espalhadas — ressaltou Vitória, referindo-se aos objetos pessoais que ainda estavam sob a guarda do Provita.

A família de Vitória queria me conhecer melhor e me convidou para um almoço. Fui recebido calorosamente pelo irmão dela e sua esposa, que havia preparado uma comida deliciosa. A mesa redonda estava posta para quatro pessoas. Um jogo americano claro, com estampas floridas, amparava tigelas com feijão, frango, carne e salada. Os copos azuis, que compunham um conjunto completo com a jarra de suco de polpa de cupuaçu fresquinho, revelavam a delicadeza de preparar com cuidado e carinho o ambiente para me receber.

O bate-papo foi bom. Falei de mim e ouvi as histórias de família, como chegaram até ali. O irmão de Vitória já seguia para os 90 anos, mas continuava altivo, forte e com uma energia incrível. Não escondia a alegria de estar com a irmã, mas a preocupação com a segurança dela não deixou de fazer parte do assunto. Terminamos a comida e a conversa, me despedi, e saí dali sentindo o conforto de estar em família.

Combinei de falar com Dona Vitória no hotel. Ela mesma havia feito essa proposta, pois não queria que ninguém ouvisse. Seguimos pelas ruas da cidade até chegar ao Estoril. No quarto, apenas nós dois, retomamos a conversa sobre o reingresso dela ao Provita. Revelei as dificuldades que enfrentaríamos para ela ser aprovada. Mas o mais importante: ela entendera que, para conseguir ter um canto dela – como ela gostaria que fosse –, para viver novamente, era preciso retornar ao programa. Não sem exigências, no entanto, como a devolução dos R$ 8.900,00 que ela insistia em dizer que o padre havia pegado para ele, a devolução do quadro que deixara no local onde morou no Sul, além do retorno ao Rio, entre outras coisas.

Seria impossível reorganizar a vida, que se desestruturou desde a saída do Rio, sem o apoio do Estado. A vontade de comprar um apartamento poderia emperrar se não voltasse. E o pior: o Provita só poderia ficar com ela por até quatro anos. Nesse cenário, entre a vida que vinha levando e a que planejava, não tardou para que Vitória entendesse que só havia um caminho a escolher: voltar ao programa. Naquele dia, ela estava decidida e satisfeita com a solução, já que seu desejo era deixar Alta Floresta o mais rápido possível.

Ainda naquela tarde no hotel, ela me contou detalhadamente o que acontecera na volta da Itália. Ela, que estava numa cidade a 200 quilômetros de Milão, foi levada pelo filho do sobrinho ao aeroporto. Pegou um avião para Portugal, onde embarcaria num voo da TAP para Natal, no Rio Grande do Norte. Mas tudo se complicou quando ela perdeu a passagem e teve que contar com a ajuda da companhia aérea para encontrar o nome dela e emitir um novo bilhete. Só depois de pernoitar no aeroporto com mais dois brasileiros que conheceu, é que encontrou a passagem no bolso do casaco que vestia. Quando chegou em Natal, Vitória comprou uma nova passagem de avião para São Paulo e de lá entrou em contato com a família em Alta Floresta, para onde seguiu. A viagem, por causa de tantos imprevistos, demorou vários dias.

Eu, que ficaria ainda mais um dia na região, aceitei o convite dos parentes de Vitória para uma festa de aniversário naquela noite. Mais uma vez, fui recebido com carinho e atenção. Comi bolo e bebi refrigerante, depois voltei para o hotel.

Naquele mesmo dia, comuniquei a decisão dela ao procurador Marcelo Miller, que marcou a reunião com o conselho para o dia 3 de agosto de 2006. Tudo deliberado, exposto, o conselho aceitou e reforçou todos os protocolos de segurança que ela deveria seguir novamente. Como eu havia falado sobre os problemas que ela dizia ter enfrentado no pouso no Sul do país, eles usaram outra estratégia de proteção. Marcaram o dia de pegá-la na cidade, marcaram a mudança dela com todas as coisas de uma vida e partiram para Salvador, Bahia, de onde nunca mais saiu.

Primeiro, veio o novo pouso, a casa onde se escondia com a ajuda do programa. Meses depois, surgiu a oportunidade de comprar um novo apartamento. O dinheiro guardado da venda do imóvel do Rio de Janeiro foi suficiente para garantir que ela tivesse sossego até o fim da vida. Um teto para viver com conforto e segurança. E assim foi feito. O Provita ajudou com toda a parte burocrática e legal até o negócio ser fechado. Dona Vitória não voltou para Mato Grosso depois de se fixar em Salvador.

## 34. Ação de indenização: decepção com a derrota na Justiça

A revolta com a Justiça continuava. Dona Vitória não entendia o motivo de os desembargadores demorarem tanto para julgar o recurso do Estado, que havia perdido a ação em primeira instância. O valor de R$ 150 mil estava longe de ser alto. E o recurso impedia a antecipação de tutela determinada pelo juízo da primeira instância. E ela, por sua vez, contava com esse dinheiro para comprar um imóvel, deixando guardada a quantia que tinha na poupança.

Continuamos acompanhando o trâmite da ação até o julgamento, que só veio a acontecer em julho de 2006. O resultado foi surpreendente. Desembargadores da 16ª Câmara Cível reformaram, por unanimidade, a sentença do juiz João Luiz Ferraz de Oliveira Lima, da 8ª Vara de Fazenda Pública, favorável a Vitória. As custas processuais correspondiam a 2% do valor da causa. A ação foi fixada em R$ 100 mil. Ela teria que pagar R$ 2 mil para ficar quite com a Justiça. Ganhando pouco mais de um salário mínimo – que, na época, correspondia a R$ 500,00 – de aposentadoria por mês, ela só poderia pagar a dívida parcelada, assim como fez quando comprou a câmera que filmou o tráfico por dois anos. Com ajuda das imagens, a polícia prendeu 32 pessoas. Nove delas eram policiais. Como Dona Vitória havia entrado com a ação por intermédio da Defensoria Pública, que solicitou a gratuidade no processo, não precisou desembolsar o valor.

Ao tomar conhecimento da derrota, um grupo de empresários decidiu procurar o Disque-Denúncia (021 2253-1177), oferecendo a Dona Vitória uma ajuda mensal durante cinco meses. Uma forma de compensar a perda e dar tranquilidade à aposentada, que ainda tinha esperança de ganhar a ação.

A desembargadora Simone Chevrand, relatora do processo, destacou na decisão que Dona Vitória se colocou em risco ao filmar a quadrilha de traficantes: "Não se pode deixar de evidenciar que, ao assim agir, a apelada assumiu o risco das consequências daí advindas. E elas vieram, tanto que acabou por necessitar ser incluída em Programa de Proteção à Testemunha".

A afirmação de que o risco surgiu somente depois de Dona Vitória decidir revelar o que filmava é confrontada com um dos relatos gravados por ela. A aposentada contou na gravação que já vinha sofrendo ameaças. O vídeo com essa narração foi gravado no dia 28 de fevereiro de 2005. Enquanto filmava crianças cheirando cocaína, a aposentada narrava que dois homens haviam tentado entrar no prédio onde morava para ir ao seu apartamento. Eles foram impedidos pela síndica do condomínio. Em outra ameaça, segundo as gravações de Dona Vitória, depois de ligar para a polícia denunciando o movimento dos traficantes da Ladeira dos Tabajaras, ouviu avisos dos criminosos para que não continuasse a denunciá-los. Tudo isso consta das fitas entregues à polícia.

Na sequência da sentença, a desembargadora disse que a atitude de Dona Vitória "foi louvável". No entanto, afirmou que a idosa não substituiu o Estado realizando as gravações dos criminosos: "Em que pese ser louvável a iniciativa da apelada [Dona Vitória], tem-se que ela "não se substituiu" ao inerte Estado [...] Aliás, ninguém pode fazê-lo, porquanto incumbência exclusiva do ente. Nem mesmo se pode aqui avaliar se esta atitude foi a mais correta, do ponto de vista daquele a quem incumbiria desenvolver técnicas para impedir a nociva atuação do crime organizado — frisou".

Mais adiante, Simone Gastesi concluiu:

— A despeito de serem certos os danos sofridos pela apelada, que, inequivocamente, é cidadã que deve ser tida na mais elevada conta (é "gente que faz"), inexiste dever de indenizar diante da não configuração da responsabilidade reparatória do Estado apelante.

Durante as 33 horas de filmagens conduzidas por Dona Vitória, ela registrou o seu sentimento com relação à Justiça:

— Essa minha causa na Justiça vai parar nos direitos humanos internacionais, porque eu não posso ficar assim nessa situação, com 80 anos de vida. Todos os vizinhos têm suas famílias, vão embora, fogem, saem daqui, têm outros lugares para morar. Eu não tenho. Eu vou pedir ajuda e Deus vai estar na minha companhia, junto de mim para quando alguém ouvir essa fita ter um pouco de pena, um pouco de consciência do que está acontecendo aqui. Não dá mais para viver nesse lugar. A Justiça não está dando atenção ao que acontece. Eu estou há um ano, desde março [de 2003], pedindo ajuda. Há um ano estou na Justiça, pedindo socorro.

A decepção com a decisão só aumentou a descrença que Vitória tinha no sistema. No dia seguinte ao resultado, ela desabafou comigo sobre a decisão. A conversa virou uma entrevista publicada na edição do jornal *Extra* do dia 1º de agosto de 2006, quase um ano depois de ter deixado toda a sua vida no Rio de Janeiro para trás. Nesse período, ela mudou de casa quase uma dezena de vezes. Nem mesmo a derrota a fez desistir de lutar, prometendo recorrer por meio da Defensoria Pública, que lhe assistiu desde o início da ação. O desabafo na entrevista resume o sentimento dela:

— No Rio, o bandido manda. Sabe que não vai ter repressão. Aí, o cidadão de bem, que batalhou para viver, esse aí, coitado, está ferrado.

Os principais pontos da entrevista revelam a indignação:

**Fábio Gusmão** – *O que a senhora achou da decisão da Justiça?*
**Dona Vitória** – Achei um absurdo, uma falta de respeito. Isso não é coisa que se faça com o cidadão de bem. Ele luta, batalha e não tem direito a nada. O bandido tem direito a tudo. As pessoas que fazem as coisas erradas estão protegidas. Eu perdi a minha cidadania. Eles me prejudicaram quando deveriam zelar por mim. Com a idade que eu tenho... Não fiz heroísmo, não. Fiz para me defender. Quando vi que não tinha jeito, meti a cara. Os desembargadores não tinham o direito de fazer isso. Eu sou a meliante, vou ter que pagar as custas do processo? Quanto é que a meliante vai pagar?! Bota a meliante na cadeia, posso ir para a cadeia?! Eu sou a bandida, eu sou uma falsária?! Agora, eles [bandidos] vão para a rua. Todo mundo bonzinho, todo mundo mocinho, os traficantes agora estão todos livres. Eles que estavam com a razão. Eu que sou uma facínora.

**FG** – *A senhora vai recorrer da decisão?*
**DV** – Se os meus direitos forem negados outra vez e eu vir que vou sair perdendo, vou recorrer. Se for preciso, irei até a ONU.

**FG** – *Como está sua vida hoje?*
**DV** – Tenho que ficar escondida, me refugiando. Corro risco de vida por causa disso. Isso não é Justiça. Meu Brasil é um país maravilhoso, mas ninguém ainda aprendeu a reivindicar os seus direitos, a sua cidadania. Isso é coisa que não se faz com ninguém. Estou sem nada, itinerante. Não tenho mais lugar para ir.

**FG** – *O que a senhora ganhou com a sua iniciativa?*
**DV** – Fiz uma coisa que beneficiou muita gente. São pessoas que moram no lugar onde eu estava. Não só no prédio, mas no bairro inteiro. Saí foragida, feito uma louca, perdi tudo, tive prejuízos incalculáveis, tanto materiais quanto psicológicos. Eu me encontro num estado que ninguém imagina. Estou segurando, porque sei viver, sei

aproveitar minha vida. Sofri desde pequena, aprendi a levar a vida difícil avante.

**FG** – *Está arrependida?*

**DV** – Estou feliz. Porque fiz uma coisa que muita gente deveria ter feito e não fez. Se tiver necessidade, se estiver num apuro igual a esse, vou fazer a mesma coisa. Com risco de vida. Eu não tinha que ter me escondido. Tinha que ter sido atendida antes de sair de lá [Copacabana]. Faria tudo de novo.

**FG** – *O que a senhora planejava fazer com o dinheiro da indenização?*

**DV** – Não planejava, eu planejo. Porque vou ganhar. Se não ganhar indenização aqui, vou ganhar fora [no exterior]. Tenho certeza que isso vai dar um resultado positivo. A única coisa que quero é retomar a minha vida. Não quero um apartamento de luxo, mas desejo ter um igual ao que tinha, bacana, maravilhoso, onde eu tinha paz. Ali, não precisava de nada, tinha tudo. E quero ajudar a quem precisa.

**FG** – *Um trecho da decisão destaca que a senhora se colocou em risco.*

**DV** – E eu não sei que corri risco?! Não foi só mostrando imagem. Aqueles traficantes que entraram na minha casa [em fevereiro de 2005] descobriram que eu estava filmando a boca de fumo. A síndica teve que se ajoelhar aos pés deles e falar que eu era louca, que estava brincando.

**FG** – *O tráfico voltou à Ladeira dos Tabajaras e um morador foi expulso há duas semanas. O que a senhora acha disso?*

**DV** – Eu acho que é falta de autoridade. É o governo passar a mão na cabeça de bandido. Não acabou uma vez? Não ficou que parecia um paraíso? Se eles quisessem, acabavam com isso. Tem que fazer isso com o cidadão de bem? Ser expulso, ter que ficar escondido?

A notícia indignou vários setores da sociedade. Numa iniciativa organizada por Zeca Borges, então coordenador do Movimento Rio de

Combate ao Crime, que mantém o Disque-Denúncia, empresários decidiram ajudar Dona Vitória financeiramente por cinco meses. Zeca, que morreu em dezembro de 2021, já tinha pagado uma recompensa de R$ 2 mil para a aposentada em 2005. Ele soube que ela havia usado o sistema para passar informações sobre o tráfico na Ladeira dos Tabajaras em vários momentos. Na ocasião, o coordenador do sistema falou sobre a doação e enalteceu os feitos de Dona Vitória:

— A ideia surgiu de conversas sobre o assunto. Se ninguém faz nada, é porque não quer, não pode ou não deve, nós fazemos. A satisfação do Disque-Denúncia é que nos procuraram como meio de levar isso a ela. A sociedade civil tem que se mexer, independentemente de qualquer coisa. Foi isso o que Dona Vitória fez.

A onda solidária não parou nessa iniciativa. No dia 12 de dezembro, recebi uma mensagem no meu e-mail pessoal. Rogério me procurou para falar como a história o impactou, como ficou impressionado com a coragem e força de Vitória. O que ela fez o comoveu tanto que ele decidiu ajudá-la. Durante cinco meses, depositou R$ 500,00 para ela. Ele, que morou no Posto 5, em Copacabana, fez do gesto uma forma de agradecimento.

Na vida, Dona Vitória ganhou admiração, carinho e respeito da sociedade, mas não reconheceu o mesmo nas autoridades. Apesar de ter impetrado recursos na Justiça, ela nunca obteve uma decisão favorável.

# PARTE 4

## 35. Retomando os últimos anos

Ao ingressar no Programa de Proteção à Testemunha, no final de agosto de 2005, Dona Vitória já tinha o propósito de deixá-lo assim que fosse possível. Passou por dois estados até ficar na cidade escolhida pela equipe. A adaptação não lhe foi fácil. Mas, enquanto se acostumava com a nova vida, seu trabalho continuava sendo reconhecido.

Em dezembro de 2005, foi uma das vencedoras da 14ª edição do Prêmio PNBE (Pensamento Nacional das Bases Empresariais) de Cidadania, uma das mais tradicionais premiações de responsabilidade social do país. Em março, foi novamente homenageada com o prêmio Faz Diferença, do jornal *O Globo*, como personalidade de 2005 do Rio de Janeiro. Mesmo de longe, ela arrumou um jeito de agradecer. Em mensagem gravada em fita cassete, Dona Vitória afirmou ter agido como qualquer ser humano, e não como heroína. Nos dois casos, os troféus foram enviados ao Programa de Proteção.

A aposentada acompanhou de longe a decisão do juiz da 27ª Vara Criminal, Flávio Itabaiana, de condenar 27 acusados no processo originado de sua iniciativa. Entre eles, estavam nove policiais militares. Cada um dos PMs foi sentenciado a cumprir uma pena de oito anos de prisão em regime fechado. Até a publicação da primeira edição deste texto, em 2006, foram presas 32 pessoas, e apenas duas continuam foragidas. Cinco ainda respondem ao processo por tráfico de drogas e associação para fins de tráfico.

A Justiça também deu parecer favorável à proprietária de uma casa que fica no alto da Ladeira dos Tabajaras. Quando a polícia ocupou o morro, o imóvel era usado pelos traficantes, que acabaram presos ou foragidos. A Polícia Militar instalou ali, então, um Posto de Policiamento Comunitário (PPC) e batizou-o de PPC Dona Vitória. A proprietária entrou com uma ação para reaver a casa e ganhou. O posto foi desativado.

Pouco tempo depois, Dona Vitória decidiu realizar um antigo sonho: conhecer a Itália. Desligou-se temporariamente do programa e fez uma viagem de um mês, acompanhada por sua câmera. Filmou as belezas do Velho Mundo, a Torre de Pisa e o Coliseu. Ainda deu uma passadinha no Vaticano.

Na volta, ficou um tempo fora da rede de proteção. Foi para o interior do Brasil. Chegou a pensar em não retornar ao programa até me procurar para confidenciar sua decisão.

Fui ao seu encontro. Quase 7 mil quilômetros – ida e volta. A viagem durou cinco dias. Ficamos juntos apenas três. Voltei com a missão de reintegrá-la ao programa e de ver o andamento do processo que movia contra o Estado. Ela havia ganhado na primeira instância. O Estado recorreu.

Não demorou muito tempo até a Justiça decidir. Dessa vez, os desembargadores reformaram, por unanimidade, a decisão da primeira instância. Dona Vitória não só perdeu a ação como foi condenada a pagar as custas do processo. Por sorte, havia pedido gratuidade da Justiça, portanto não teve de arcar com o ônus de enfrentar o Estado nos tribunais. Ela não desistiu recorreu da decisão.

## 36. Rompimento, processo e absolvição

Dias depois da publicação da reportagem, em agosto de 2005, eu já tinha decidido escrever estas páginas contando o que havia acontecido. A curiosidade das pessoas despertou em mim essa vontade. Imaginei que poderiam ter interesse em saber um pouco mais sobre ela e os bastidores dessa produção jornalística. Dona Vitória ficou empolgada com o fato de sua vida virar livro. Mandava fitas com depoimentos, com a origem de tudo – ao que ouvi bem atento, com o cuidado de escrever o suficiente para não identificar nenhum membro da família dela. O acordo inegociável de segurança valia para todos. Fiz algumas adaptações, mudei nomes de locais e de pessoas próximas, da mesma forma que fiz com ela.

A primeira edição do livro foi lançada em novembro de 2006, mais de um ano depois da reportagem. Ela, que já estava no estado onde morou sob proteção, nem quis esperar chegar o exemplar que mandei. Comprou na livraria, leu e não gostou. Sem falar com as pessoas do Programa de Proteção, Vitória ligou para mim e reclamou da obra. Ela se ressentiu das adaptações feitas para sua proteção, assim como do espaço menor do que imaginou para todas as histórias de sua vida que contou. Entendia que o livro devia ser só sobre ela, suprimindo a minha narrativa pessoal a respeito de tudo que vivemos juntos na produção da reportagem, incluindo a nossa aproximação. Tentei explicar o processo de produção do livro, como funciona a edição e os pontos que tinham que estar em cada página. A argumentação foi rechaçada por ela, que ainda insistia em ter seu nome verdadeiro revelado. A partir desse dia, tudo mudou para nós.

Desliguei trêmulo, ainda sem entender muito bem, mas triste pela reação dela comigo. Desabafei em casa com Cristina, que ouvia tudo incrédula. Ela me lembrou que propus acolher Dona Vitória na nossa casa no período em que saiu da rede de proteção. Me sentia culpado por não ter correspondido ao que ela imaginava. Os dias passaram, semanas passaram, e nenhum contato extraoficial, nem mesmo com alguém da rede de proteção, oficialmente, com dia e hora marcados. O silêncio falou muito nesse período. O retorno que recebi dela era o oposto dos que tivera até aquele momento.

Fui me recompondo com o passar do tempo, seguindo adiante na rotina do jornal. Mas o que parecia ter ficado para trás voltou num e-mail com o nome dela. Não pelo qual ficou conhecida, mas o de batismo, e que eu conhecia. A fúria era a mesma do telefonema, mas dessa vez vinha recheada de falsas acusações, suspeitas, ofensas e frases que atingiam a minha honra. Era a primeira de muitas mensagens eletrônicas que me enviaria. Ela aprendeu a usar o computador em aulas de informática que frequentou quando chegou ao Nordeste. Criou um endereço de e-mail e em várias plataformas digitais, redes sociais – tudo o que era proibido pelo programa. Sua missão virou me difamar e cobrar uma recompensa pelo que fez.

Tentei argumentar e dialogar quando essa nova fase da vida dela começou, mas não consegui. Ela não ouvia, muito menos se dava a chance de acreditar em mim. Segundo a sua narrativa, eu havia ganhado prêmios, escrito livro, feito palestras e acabara "ficando milionário" por causa dela, como repetiu dezenas de vezes.

Mais de quinze anos depois, ainda é difícil escrever sobre esse período. Sentia tristeza, depois sentia raiva, porque não entendia o motivo de ela fazer isso comigo. E o pior sentimento: medo. Temia, principalmente, que a versão fantasiosa dela ganhasse dimensões midiáticas, sem chance de contar o que de fato ocorreu. Era natural ter medo de ser impossibilitado de expor minha versão dos fatos, como faço agora. Quem acreditaria em mim quando do outro lado estava uma senhora de mais de 80 anos, que lutara a vida inteira contra as adversidades?

O medo foi permanente por alguns anos. Me causava angústia a sensação de que minha reputação, construída durante a vida, ruísse sem chance do contraditório. Em tempos de construção de narrativas mentirosas, difundidas na velocidade de curtidas e compartilhamento das redes sociais, eu seria mais uma pessoa a ser cancelada sem a possibilidade de contrapor a versão dela.

Não foi preciso chegar a dez e-mails para eu parar de responder. Ela começou a mandar cartas com conteúdo semelhante. Repetia seguidas vezes o mesmo discurso, numa tentativa de fazer justiça com o que acreditava ser a verdade.

Para preservar a mim e a minha família, deletava as mensagens sem ler. O mesmo fiz com as cartas escritas à mão. A injustiça é algo que me atinge profundamente desde criança. É a covardia construída de tal forma que impossibilita qualquer contra-argumentação em igualdade de condições.

Continuei seguindo, com a minha verdade, trabalhando duro no dia a dia da redação do *Extra*. As semanas viraram meses e depois anos, e os contatos foram rareando. Para a minha surpresa, no dia 30 de abril de 2009, uma quinta-feira, recebi um mandado de citação judicial na minha casa, no Rio de Janeiro. Achei que fosse algum processo relacionado a matérias do jornal, como às vezes acontecia. Para o meu espanto, a ação de danos morais e materiais, com pedido de indenização, fora impetrada por ela. Dona Vitória entrou com um processo contra mim no estado onde vivia. Entre outros pedidos, ela queria receber direitos autorais pelo material que produziu durante dois anos, tornado público por meio da reportagem no *Extra* e em centenas de veículos de comunicação pelo mundo todo.

Aquele medo adormecido voltou e me tomou por completo. Durou alguns dias, até eu conseguir ter a clareza de algo que vi durante todo o período que passei com Vitória, mas fiz questão de ignorar: ela tinha uma tendência de ir do amor ao ódio nas relações. Foi assim com o padre do Provita, que ela acusou de roubo. Tudo fez sentido. Até mesmo a intransigência dela na primeira fase das conversas sobre a reportagem, quando exigia agressivamente a publicação de sua história. E foi o motivo de me afastar no início. Preservar a relação e deixar o tempo agir para aplacar a ansiedade.

Entender não amenizou o medo, muito menos resolveria a batalha na Justiça. Precisava me defender em outro estado, o que significava custo alto com despesas advocatícias. Em nenhum momento pedi auxílio do jornal nessa questão. Não achava justo. Pelo contrário, mantive tudo isolado, mas, semanas depois, comuniquei aos meus chefes o que estava acontecendo.

Contei com a ajuda de uma amiga para indicar um advogado com representação naquele estado do Nordeste. Com sede no Rio, ele tinha um escritório na cidade sede do Tribunal de Justiça onde ela ingressou com a ação meses antes, em 2008. O valor destinado à minha defesa deu algo em torno de três vezes o que ganhava de salário naquele ano. Depois de um acordo, o pagamento do advogado foi parcelado em algumas vezes.

Entreguei tudo o que tinha para os meus advogados. Cada documento que guardei, cópias de contratos, fotos, mensagens, tudo o que ajudasse a provar que eu estava com a verdade. Conseguimos um primeiro resultado positivo em julho de 2011, quando a Justiça atendeu a um pedido da minha defesa e remeteu o processo para o Rio de Janeiro.

O trâmite processual seguiu seu curso, com a produção de provas documentais e os depoimentos dela e meu. Pedimos que ela fosse ouvida no Rio de Janeiro, mas o oficial de Justiça do estado de origem da ação não encontrou o endereço dela. A audiência à qual compareci foi adiada para 8 de maio de 2013, quando ela seria ouvida. Houve um novo adiamento para novembro e, depois, dezembro daquele ano, mas ela não foi ouvida. Vitória depôs no dia 26 de fevereiro de 2014, e reafirmou tudo o que já constava na petição inicial do processo. Por força de duas conferências internacionais de jornalismo para as quais fui convidado – uma no México; outra no Peru –, só fui ouvido no dia 29 de outubro de 2014.

No dia marcado, cheguei por volta das 13h ao fórum. Subi as escadas e entrei na antessala que tinha várias cadeiras com estofado azul. Para minha surpresa, senti uma alegria imensa ao ver Dona Vitória sentada ali, esperando o início da audiência. Eu sorri, ela também. A nossa reação foi curiosa. Me aproximei, dei um abraço nela, que retribuiu, e perguntei como estava.

— Quanto tempo não nos vemos... Estou surpreso de a senhora ter vindo — falei.

— É, menino, muito tempo. Mas não ia deixar de vir. Viajei de ônibus por mais de trinta horas, cheguei na madrugada de ontem e dormi na rodoviária, porque não tinha para onde ir — relatou ela, com as marcas do cansaço no rosto.

— Não precisava ter dormido na rua. Bastava ter me ligado, a senhora tinha o meu número de telefone. Triste ver isso, mas não precisava ter chegado a esse ponto, estarmos aqui depois de tanta coisa juntos — argumentei.

— Era só você dar o que era meu. Por que você fez isso comigo? — insistia ela, acreditando que eu realmente a tinha enganado.

Era estranho o meu comportamento naquele momento. Não sentia mágoa, tristeza, medo, nem qualquer outro sentimento ruim.

A felicidade era vê-la em segurança e bem. Impossível explicar como formamos marcadores de sentimentos em nós. Eles podem ser bons e ruins. O momento ruim, o medo que eu sentia, era parte do presente. As coisas boas e a minha crença de tê-la encontrado nesta vida por algum motivo haviam voltado naquele momento, como em 2004. E a dúvida que eu tinha – ela ficaria bem? – não existia mais. Ela estava ali. E, nos poucos minutos que conversamos, ela falou sobre o apartamento que comprara, disse gostar do lugar, continuar fazendo os exercícios e filmar a vizinhança. Dona Vitória sentiu o mesmo ao me ver, apesar das condições contrárias do momento.

Entramos na sala de audiência, começando o meu interrogatório. Ela ouvia atentamente o que eu respondia. Os questionamentos eram feitos pela juíza, pelo promotor do Ministério Público e por um defensor público, que a atendia na causa. Impaciente quando me ouvia, chegou a interferir nas minhas respostas por várias vezes. Só parou quando a juíza avisou que a tiraria da sala e que ela não acompanharia mais o interrogatório. Por volta de quarenta minutos depois, chegou ao fim um dos momentos que mais me angustiavam: esse reencontro na Justiça. Tudo se resumiu a duas páginas e meia. Assinamos, me despedi dela pela última vez e fui embora. Sem abraço e sem olhar para trás. Só me restava aguardar a decisão da juíza depois das alegações finais.

A sentença da juíza Maria da Glória Oliveira Bandeira de Mello, da 8ª Vara Cível, foi publicada no dia 28 de abril de 2015. Ela descreve toda a ação, como de praxe, e destaca alguns pontos que sustentam a decisão final. Reproduzo aqui alguns trechos da sentença:

> A prova oral se restringe ao depoimento da autora e do réu.
> 
> De ambos se extrai que antes de conhecer o réu, a autora havia levado os vídeos gravados para a Secretaria da Polícia Civil. A saber:
> "... que na época dos fatos enfrentava de seu apartamento ação de

traficantes do local, com tiroteios, tendo sido sua janela atingida; que foi a várias delegacias, ao governo estadual, enviando cartas, sendo que ninguém lhe deu crédito; que então resolveu comprar a câmara filmadora; que foi então na Secretaria da Polícia Civil levando as fitas que havia gravado...; que a autora deixou as fitas na Polícia Civil para que fossem gravadas a fim de que a verdade viesse à tona".

O réu, repórter do jornal *Extra*, soube deste fato e pediu autorização à Secretaria para ver as filmagens e fazer contato com a autora, no que foi atendido.

Restou incontroverso, ainda, que as partes desenvolveram, a partir daí uma relação amistosa com convívio frequente. O réu como repórter tinha interesse em veicular os fatos filmados pela autora e esta, sabedora deste intento, municiava o réu com informações. Colhe-se, a este respeito, de seu depoimento: "... que a autora pediu ao réu que copiasse as fitas e colocasse no ar para que as pessoas tomassem ciência da história; que passou a ter contato frequente com o réu; que passou a tratá-lo como um filho...".

O réu, por sua vez, sempre se mostrava muito apreensivo com a segurança da autora, inclusive porque o imóvel desta ficava muito próximo da favela. E por cautela. Quando lá comparecia, não ia com o carro do jornal, dizendo para o porteiro que era sobrinho daquela.

Adiante, a magistrada relata os momentos que antecederam a entrada de Dona Vitória no Provita, para salientar que a medida não fora uma imposição minha para publicar a reportagem e tirar proveito dela:

Ao que se extrai da contestação e do depoimento do réu, inexistindo prova em contrário, este só deu andamento à veiculação depois de ter sido adotada, em face da autora, a medida protetiva em questão. Não há notícia de que a autora tenha sofrido algum tipo de represália por parte dos meliantes depois da veiculação da matéria do réu.

A juíza seguiu indicando as contradições de Vitória no processo:

Não há nenhum elemento probatório nos autos que demonstre que a autora não queria que sua história fosse contada em livro e filme, com divulgação de suas filmagens. Ao contrário, em seu depoimento, diz ela com todas as letras: "... que viessem vários contratos para assinar; que queria que sua história fosse publicada e que tanto ela como o réu ganhassem sua parte; que a dona da história era a autora...".

E continua, deixando claro que as acusações não eram verdadeiras:

A afirmativa da autora em seu depoimento de que o advogado que lhe apresentou os contratos, mencionou que a mesma não devia assiná-los porque era golpe, não merece nenhuma credibilidade. A uma porque trata-se de versão visivelmente tendenciosa e isolada, sem qualquer sustentáculo probatório nos autos. A duas porque não se faz crível que um advogado que vá entregar um documento para alguém assinar já dizendo de antemão para não o fazer por se tratar de golpe. Se julgava a incumbência ilícita, obviamente a teria sequer aceitado.

A juíza Maria da Glória conclui identificando o real motivo da ação:

A insurgência da autora, como ficou evidente, é com relação ao retorno financeiro, em seu favor, dos contratos celebrados.

Ela sentencia:

Face ao exposto, julgo IMPROCEDENTE o pedido, condenando a autora nas custas processuais e honorários advocatícios que fixo em R$ 2.000,00 (dois mil reais), observado o art. 12 da Lei 1.060/50.

Como tinha gratuidade da Justiça, Dona Vitória não precisou pagar as custas. A Defensoria Pública entrou com mais dois recursos no Tribunal de Justiça do Rio de Janeiro, mas perdeu as duas vezes. Os desembargadores tiveram o mesmo entendimento que a juíza, não reformando nada na sentença. Todo o processo teve 742 páginas.

O incrível nessa história toda é que, mesmo sabendo que eu estava com a verdade, a decisão da Justiça acaba virando a melhor prova que eu poderia ter sobre quem estava mentindo. O medo foi embora, deixando a sensação de tranquilidade. Ficou também o pesar por Dona Vitória não ter entendido o sentido da nossa história, escrita de forma muito especial. Entendi isso logo que a conheci, assim como a minha família, que sempre a encheu de carinho. Revendo o processo, me deparei com uma carta que meu filho Erick escreveu para ela. Documento cheio de pureza, amor e carinho. Ele tinha apenas 12 anos. Nessa época, ele ainda nem pensava em ser jornalista. Uma pena Dona Vitória ter perdido tanto tempo em busca do que não lhe era devido. Algo como uma correção histórica, talvez, do que tantos fizeram com ela durante décadas. Dona Vitória perdeu a chance de vê-lo se tornar um jornalista brilhante e um homem incrível, o que naquela carta já indicava que seria.

## 37. Anos depois

As notícias sobre o coronavírus e o avanço da covid-19 aumentavam em fevereiro em 2020. A minha rotina na redação integrada do *Extra* e do *Globo* continuava intensa como editor do Radar, editoria responsável pela produção de conteúdo de relevância e com grande interesse da audiência. Era início do mês quando recebi uma mensagem direta no meu perfil do Instagram. Uma mulher, num tom afável, dizia estar me procurando havia algum tempo. Revelou ser vizinha de Dona Vitória, que lera o livro e ouvira muito da própria sobre o embate desde que decidira lutar contra o tráfico. Depois de algumas trocas de mensagens, perguntei sobre Vitória, pois queria saber como estava sua saúde.

— Ela está bem fisicamente, bastante velhinha. Às vezes confunde o tempo dos fatos, mas a saúde está bem. Tem um vizinho que está sempre com ela, dando todo o suporte de que precisa. E eu ajudo sempre que posso — disse.

A nova amiga de Dona Vitória perguntou, então, se eu queria falar com ela por vídeo. Aceitei de pronto, e ficamos de marcar o melhor dia. Passei meus horários de rotina e marcamos a ligação para uma semana depois.

No dia combinado, a ansiedade tomava conta de mim. A última vez que conversara com ela havia sido antes da audiência na Justiça, cinco anos antes. Tinha dúvidas se Vitória seria hostil ou recorreria aos nossos melhores momentos juntos. Por volta das 11h, a amiga fez uma chamada de vídeo pelo WhatsApp. Fiquei emocionado ao vê-la, e percebi que Dona Vitória sentiu o mesmo.

— E aí, menino! Quanto tempo, hein?! Você sumiu, nunca mais apareceu aqui — cobrou ela.

Isso me deu a sensação do que a amiga tinha me falado sobre a noção do tempo, natural para quem estava com quase 95 anos. Ela fez parecer que tínhamos ficado alguns dias sem se falar.

Dona Vitória não havia mudado muito. Além de parecer um pouco mais velha, os cabelos brancos revelavam que resolvera abandonar as perucas. Ela tinha várias, escolhia uma para cada ocasião do dia a dia. Usava uma roupa verde-clara, colar, pulseira e anéis, como sempre gostou.

Perguntei como ela estava, como andava de saúde, e sobre as novidades. Vitória elogiou os novos amigos e disse estar muito bem. A conversa foi tão agradável que mais parecia um reencontro de amigos que não se viam havia poucos meses. Em algum lugar na cabeça de Vitória, o tempo parou naquelas semanas de cafezinhos, biscoitos e muita conversa. Como foi a nossa rotina durante alguns meses até ela deixar o apartamento de Copacabana. Isso me confortou, me tranquilizou ver que ela estava bem, sendo bem cuidada por pessoas que gostavam dela.

Nos despedimos com carinho, prometendo falar mais vezes. Mas foi a última. A pandemia veio e nunca mais conversamos. Mas eu sabia que ela continuava bem.

## 38. A morte de Vitória; o nascimento de Joana da Paz

A sensação de perda me acompanhava em fevereiro de 2023. O pressentimento incômodo de que alguém próximo partiria em breve me fez compartilhar esse sentimento com minha mulher, Cristina. Com a aproximação do Carnaval, a correria do dia a dia e a intensidade do trabalho na editoria que cobre o maior evento do país aumentavam. A preocupação acabou diminuindo, e a impressão de que algo aconteceria também.

O Carnaval se desfazia nas cinzas da quarta-feira, eu refazia as forças no fim do dia esparramado no sofá de casa, quando recebi uma mensagem direta no Instagram. Três anos depois do último contato, um pequeno texto de uma vizinha de Dona Vitória me atualizava sobre ela. Veio a notícia que temi receber durante dezessete anos.

Chorei. Recordei. Dormi. Acordei.

Passei as horas do primeiro dia seguinte buscando uma maneira de dar a notícia como ela merecia, a forma certa de publicar aquilo que ela mais queria desde o início da história: seu nome verdadeiro. Encontrei um caminho a percorrer com o texto publicado nos jornais *Extra* e *Globo*.

Na tarde da Quarta-Feira de Cinzas, 22 de fevereiro de 2023, às 17h40, no Hospital Geral do Estado, Salvador (BA), morreu Dona Vitória.

Nesse mesmo dia, hora e local, nasceu publicamente a alagoana Joana Zeferino da Paz, aos 97 anos, que agora tem a sua identidade revelada depois de quase dezessete anos. Ela vivia num anonimato forçado por questões de segurança. O seu desejo, há anos, era ter o reconhecimento público por combater o tráfico de drogas da Ladeira dos Tabajaras, em Copacabana, usando apenas uma câmera.

Forjada em coragem, Joana da Paz (como é bom escrever sem medo...) se irritava por ser obrigada a viver escondida. Queria o merecido crédito de quem abdicou de uma vida construída com muito esforço, enfrentando a violência desde criança. Joana foi rebatizada em 24 de agosto de 2005, dia em que o EXTRA publicou um caderno especial com a reportagem revelando o que ela tinha feito durante anos: um diário em vídeo da rotina de um ponto de venda de drogas na Ladeira dos Tabajaras. Nesse mesmo dia, Joana deixou o imóvel onde viveu por 36 anos para ingressar no Programa de Proteção à Testemunha. Era o começo de uma vida de privações, angústia, desapego e resiliência.

[...] Este texto é apenas o começo de tudo o que ainda vou contar sobre a minha relação com Joana da Paz. É um resumo do que vivi com ela, de forma que todos saibam um pouco e entendam a dimensão do que foi a história dessa mulher que tive a honra de conhecer.

A história continua...

O trecho da reportagem trazia a notícia mais relevante: quem era a mulher forjada em coragem que enfrentou durante toda a vida as adversidades e inimigos poderosos. O nascimento de Joana da Paz veio preencher a lacuna deixada pelo hiato de dezessete anos desde sua saída do Rio de Janeiro.

Dona Joana desembarcou em Salvador, na Bahia, ainda em 2006. O novo "pouso", como os integrantes do Programa de Proteção chamam a nova morada da pessoa protegida, seria o derradeiro.

A nova moradia, ainda com aluguel custeado pelo programa, a abrigou durante alguns meses.

A casa própria, comprada com o dinheiro que sobrou do imóvel de Copacabana vendido em 2005, veio tempos depois. O apartamento ficava no Edifício Isabela, no bairro Dois de Julho, em Salvador, e virou sua casa definitiva até fevereiro de 2023. Toda a história de sua vida ainda estava em caixas desde que saíra do Rio de Janeiro. E foram esses objetos pessoais que deram cara ao novo lar. Mesmo com tudo no lugar, algo ainda lhe faltava: os laços afetivos com novos amigos.

Expansiva, comunicativa e cheia de vontade de conhecer as pessoas, Joana da Paz passou a investir em conhecer os vizinhos. E foi com um pedaço de bolo quentinho que conseguiu se aproximar de um deles, um homem de 57 anos, que morava no prédio.

— Quando fui morar no prédio, dona Joana estava sozinha, com aproximadamente 90 anos. Ela começou a me procurar com pedaço de bolo, me contar a história dela. Aí passei a ficar atento com ela, a cuidar dela — lembrou.

Ele tinha um relacionamento com uma esteticista, de 45 anos, e morava com ela quando conheceu Joana. Os dois viraram amigos dela e ficaram encantados com sua coragem quando descobriram o que ela fez com os traficantes de Copacabana.

— Ela sempre estava com sorriso no rosto, com gana de viver. Ela sempre falava para mim que ela queria chegar aos 100 anos. Era o sonho dela chegar aos 100 anos — contou a vizinha.

Quando a relação do casal virou amizade, ele teve que deixar o apartamento e foi se despedir de Joana. Para surpresa dele, ela ofereceu abrigo o tempo que fosse preciso. A proximidade gerou a relação que ele chama de maternal.

— Ela realmente me amou. Porque eu não fui criado por pai, por mãe, por nada. "Você é meu filho, você é meu anjo", assim que ela me chamava.

Como tudo na história de Joana da Paz é repleto de significados, até a sua despedida causou espanto. Ela foi sepultada às 11h do dia 26 de fevereiro de 2023, na gaveta número 6804, no Cemitério de Campo Santo, em Salvador. Depois do sepultamento, um detalhe impressionou quem participou da última homenagem. Na gaveta 6803, logo abaixo de onde o corpo de Joana da Paz jazia, estava sepultado Vitório da Paz, que ninguém ali conhecia, mas cujo nome era muito familiar.

A causa da morte de Joana da Paz, informada pelo homem que ela tratava como um filho de consideração, indicava que ela sofrera um acidente vascular cerebral (AVC). Isso a deixou internada por dez dias, até não resistir e morrer no hospital. Seu corpo foi levado para o Instituto Médico Legal de Salvador, onde aguardou três dias para ser liberado para o enterro. Entretanto, o atestado de óbito dela indicava que a causa da morte fora por "traumatismo cranioencefálico, instrumento contundente, queda".

No dia 6 de março de 2023, às 12h29, a promotora Isabel Adelaide de Andrade Moura, da 1ª Promotoria de Justiça do Tribunal do Júri, do Ministério Público do Estado da Bahia, instaurou um Procedimento Investigatório Criminal (PIC) para apurar se houve homicídio. A investigação conduzida pela Delegacia Especial de Atendimento à Mulher (Deam) de Salvador não evoluiu. A apuração pedida pelo MP para explicar possíveis dúvidas sobre as circunstâncias da morte de Joana Zeferino da Paz se limitou a ouvir o homem que morava com a idosa. De acordo com a promotora, nenhuma diligência complementar – como exame cadavérico, exumação e a tomada de depoimentos de médicos do hospital onde ela foi internada – foi feita pela Polícia Civil antes de arquivar o registro de ocorrência.

Em março de 2024, discordando do procedimento adotado pelo delegado, que durante um ano não enviou informações para a promotora, Isabel Adelaide encaminhou um ofício para a promotoria do Idoso de Salvador, informando tudo sobre o caso, e recomendando a continuidade das investigações.

## 39. Última homenagem

Como uma última homenagem, a Assembleia Legislativa do Rio de Janeiro, por meio do Projeto de Resolução 22/2023, do deputado Andrezinho Ceciliano, concedeu o "Prêmio Construtor da Paz", *post mortem*, à sra. Joana Zeferino da Paz.

> Joana da Paz faleceu no dia 22 de fevereiro de 2023. Desta forma, pretendendo celebrar e imortalizar a memória desta corajosa e distinta cidadã, é que indicamos Joana Zeferino da Paz, a Dona Vitória, para o Prêmio Construtores da Paz no âmbito desta casa legislativa.

## 40. Ex-capitão da PM é executado

Três dias depois da morte de Dona Joana da Paz, um dos policiais presos e condenados pela Justiça depois das filmagens feitas por ela foi executado a tiros. O ex-policial militar Leandro Oliveira Coelho, de 50 anos, foi morto a tiros na manhã do dia 25 de fevereiro, na Praça Professor Camisão, na Estrada do Gabinal, no bairro da Freguesia, Zona Oeste do Rio de Janeiro. A mulher dele também foi ferida no ataque.

Depois das investigações que começaram após as filmagens feitas por Dona Joana, o juiz Flávio Itabaiana, da 27ª Vara Criminal, determinou a prisão do oficial da PM e de outros oito policiais. Em novembro de 2010, depois de o homem ser condenado a quatro anos de prisão, os ministros Jorge Mussi, Honildo Amaral de Mello Castro e Laurita Vaz, do Superior Tribunal de Justiça, concederam a substituição da pena privativa de liberdade por restritiva de direitos. Com a decisão, Leandro respondeu pelo crime fora da cadeia. Ele foi expulso da corporação um ano depois.

Nas redes sociais, Leandro divulgava seu trabalho como nutricionista, profissão que seguiu depois da expulsão.

A Delegacia de Homicídios da Polícia Civil do Rio investiga o homicídio.

## 41. Danos morais

Nove policiais militares investigados por agentes da 12ª DP (Copacabana) foram indiciados por associação ao tráfico de drogas. Denunciados pelo Ministério Público, foram condenados a oito anos de prisão em regime fechado pelo juiz Flávio Itabaiana, da 27ª Vara Criminal da Capital, além da perda da função pública. Foram condenados quatro soldados, dois cabos, um sargento, um tenente e um capitão. Todos entraram com recurso na Justiça para reaver o cargo na corporação. Segundo a assessoria de imprensa da Polícia Militar, um dos sargentos conseguiu ser reintegrado aos quadros da corporação em 2022.

Meses depois da publicação da reportagem, dois desses PMs entraram na Justiça contra mim e contra o jornal pedindo indenização por danos morais. Apesar de ganhar as duas ações, inclusive os recursos em segunda instância, fui obrigado a participar das audiências, cara a cara com eles. O curioso é que, mesmo tendo sido descobertos pela investigação da Polícia Civil, nenhum deles processou os delegados que conduziram o inquérito que os indiciou, ou mesmo o promotor que apresentou a denúncia à Justiça.

Além desses processos, respondi a uma queixa-crime apresentada pelo delegado que comandou a investigação por "desobediência".

Decidimos que, depois de a polícia quebrar o acordo de que esperaria Dona Vitória sair do imóvel para deflagrar a operação, não entregaríamos mais nenhuma imagem feita por ela enquanto esteve no imóvel. O delegado me intimou várias vezes, mas não compareci à delegacia para entregar o material. Ele decidiu entrar com a queixa. Anos mais tarde, na audiência de conciliação, ele próprio decidiu acabar com a ação.

## 42. A vida vira filme

Os dias seguintes à publicação da reportagem, no dia 24 de agosto de 2005, foram corridos devido à cobertura do caso. Várias semanas se passaram até o assunto esfriar. No entanto, não houve um dia sequer em que eu não respondesse a curiosidades das pessoas sobre esse um ano e meio que levei até publicar a história de Dona Joana. Foi essa curiosidade delas que me motivou a escrever um livro a respeito da produção dessa reportagem. Precisava contar mais sobre ela, revelar os bastidores dessa história da qual acabei fazendo parte. Contei o que faria para algumas pessoas e, em poucos dias, para a minha surpresa, um colunista do Rio publicou uma nota sobre o livro.

Alguns dias depois, a Conspiração Filmes me procurou para falar sobre o livro. Almocei num restaurante japonês em Botafogo com o diretor Andrucha Waddington, do qual sempre fui um grande admirador por causa dos filmes *Casa de areia* e *Eu, tu, eles*, e mais duas pessoas da produtora na semana seguinte. Falei mais sobre a história de Dona Joana e fiquei surpreso quando disseram que desejariam transformar o caso numa obra de ficção para o cinema. Desde a primeira conversa, a segurança dela foi a condição principal para a execução do trabalho. Aceitei na hora. Dona Joana também, que sempre desejou que sua personagem fosse interpretada por Fernanda Montenegro. Por telefone, me falou sobre esse desejo algumas vezes. Entreguei as cópias das fitas para que pudessem copiá-las e começar a trabalhar. Enviei as transcrições e o material que tinha guardado. Eles começaram a elaborar a primeira versão do roteiro.

O tempo passou, e o prazo para poder filmar a obra também.

Eu continuava trabalhando no jornal *Extra*, buscando novas histórias para contar, o que durou até eu virar editor de Polícia e Segurança. Em 2008, me tornei editor de Geral do jornal, e, ao mesmo tempo, tentava superar a pressão de Dona Joana. Isso não foi possível tanto pelos e-mails dela, e depois pela ação na Justiça, quanto pelos processos que os policiais moveram contra mim.

Os anos seguiram, e eu já não imaginava que a história ainda pudesse ganhar as telas do cinema ou das plataformas de streaming. Mas, em 2016, fui procurado numa rede social por Gustavo Baldoni, então diretor-executivo da Conspiração. Para a minha surpresa, ele queria colocar o projeto de pé novamente. E o diretor seria Breno Silveira, do qual fiquei fã depois de assistir a *Dois filhos de Francisco*.

De um novo encontro renasceu a parceria. Nesse dia, na sede da produtora em Botafogo, conheci Breno. Tivemos uma breve conversa sobre o projeto, o que ele pretendia e como estava encantado com a história. Ali tive a certeza de que a história de Dona Joana, demorasse o tempo que fosse necessário, seria realmente eternizada no cinema. Desse dia até a certeza de que o filme seria rodado foram mais seis anos. No meio do caminho, em abril de 2018, numa palestra na TV Globo, Breno revelou aos jornalistas que sua próxima obra seria *Vitória*. Ele foi além: contou que Fernanda Montenegro, na ocasião com 88 anos, havia aceitado o convite para protagonizar a personagem que dava nome à obra. O anúncio feito por ele foi parar nas páginas da revista *Veja*.

Em 2022, a Conspiração anunciou a parceria com a MyMama Entertainment para produzir um Original Globoplay. Com tudo pronto, e roteiro assinado por Paula Fiuza – mulher do cineasta –, Breno e Mariana Vianna, produtora executiva, me chamaram para falar sobre a obra de ficção. Sensível, ele falou com alegria sobre o filme e como se encantou pela história. Ele se lembrava de Dona Joana do Prêmio Faz Diferença, promovido pelo jornal *O Globo*, em 2006, ano em que também foi premiado depois do sucesso de *Dois filhos de Francisco*.

— Ela pegou o Ita para vir para o Rio! — explicou ele, mostrando que tinha aprofundado a pesquisa sobre a vida dela e sua chegada ao Rio de Janeiro.

A conversa durou quase uma hora. Era mais um passo que davam para começar a filmar quatro meses depois, em maio. Ao ler o roteiro de Paula Fiuza, entendi o encantamento dele com o filme. A história estava linda, pronta para emocionar o público. Era hora da ação. Da nossa conversa, uma passagem se tornou inesquecível para mim: foi quando Breno me disse que, muitas vezes, ficava amigo das pessoas que ele retratava nos filmes. Isso tomou minhas lembranças meses mais tarde.

As gravações do filme começaram em maio, conforme o cronograma. A equipe viajou para a locação no interior de Pernambuco, onde gravariam as cenas de Vitória ainda criança. Na manhã do dia 14 de maio, numa fazenda no município de Vicência, que fica a 88 quilômetros de Recife, Breno Silveira sofreu um infarto fulminante e chegou morto ao hospital.

A partida prematura de Breno, aos 58 anos, foi um choque para todos. Mesmo não sendo meu amigo, me veio à memória o que ele havia falado sobre amizade. Eu não teria essa oportunidade. Assisti a tudo com uma tristeza profunda, um pesar por pessoas como sua mulher, Paula, com quem estava construindo a obra *Vitória*. Impossível esquecer suas filhas e amigos, todos devastados pela perda.

Meses depois, Paula Fiuza revelou à jornalista Maria Fortuna, numa entrevista publicada no Segundo Caderno do jornal *O Globo*, que Breno tinha pressa:

— Breno tinha pressa para tudo, talvez soubesse que não viveria tanto tempo — disse ela.

Na mesma entrevista, ela revelou que continuaria o filme com o novo diretor e amigo de Breno, Andrucha Waddington. As filmagens foram retomadas no fim de outubro e terminaram em meados de dezembro. No dia 13, marcando o término das gravações, Paula fez uma postagem no Instagram em homenagem ao marido, com uma foto em que ele aparece abraçando Fernanda Montenegro, a Dona Vitória do filme. Na legenda:

> Fechando as filmagens de Dona Vitória com Fernanda. Em abril, eu escrevi aqui sobre o tanto de amor, admiração e ansiedade concentrados nesse projeto, achando que não teria mais unhas quando chegasse ao final. Nunca imaginei que não teria mais chão. Mas o amor e a admiração se multiplicaram por todas as pessoas incríveis que encararam botar esse filme de pé de novo, e não largaram minha mão no caminho.

E continua citando e agradecendo Andrucha, Fernanda Montenegro, o ator Alan Rocha, a produtora Mariana Vianna e várias pessoas da equipe. "Breno, nosso filme tá ficando lindo", ela finalizou o post assim.

Lembrei do dia em que conheci Alan Rocha, o grande ator que me interpretou em *Vitória*. Quando foi escalado para ser o jornalista Fábio Gusmão, ele pediu para me conhecer. O encontro aconteceu na redação do *Extra* e do *Globo*, na Cidade Nova, no Rio de Janeiro. Ele chegou com o olhar atento, ouvidos abertos e um sorriso simpático que arrebatava quem estivesse perto. E foi assim que ele pediu para gravar o nosso papo, que praticamente foi uma palestra minha. Contei tudo, muitas vezes com o mesmo entusiasmo de quando descobri a história. Ele observava cada gesto, a minha intensidade, como se estivesse sorvendo cada detalhe para entender melhor o jornalista que interpretaria. Nem mesmo o São Jorge na minha mesa passou despercebido pelos olhos dele. Quando terminou, entreguei a ele a primeira edição deste livro, com uma dedicatória. Feliz pela escolha que fizeram, sabia que ele tinha chegado a uma forma do que precisava.

Em junho de 2023, fui convidado por Mariana Vianna e Andrucha para assistir ao filme pronto. Na noite do dia 26 de junho, quase vinte anos depois de ter encontrado a história de Dona Joana, tive a alegria de ver o resultado da obra que ficará para a eternidade. A ansiedade e o nervosismo viraram emoção. Chorei quando vi Dona Joana pela sensibilidade de Fernanda Montenegro, que trouxe a solidão daquela mulher com tanta verdade. A essência do que ela era naquelas cenas, do nosso encontro, do que acreditava e lutava, até a cena final. Me vi no Alan, que trouxe um Fábio Gusmão que só a arte possibilita, com os contornos que entendeu para o seu personagem, fazendo um trabalho que me emocionou.

O filme realmente ficou lindo, Breno e Paula. Andrucha conseguiu retratar a essência daquela mulher solitária, forte, guerreira, com todos os contornos forjados pela vida que levou. Impossível não se emocionar com a obra.

# ANEXOS

# Alguns resultados da iniciativa de Dona Joana Zeferino da Paz

### Aumento da procura pelo Disque-Denúncia

O Movimento Rio de Combate ao Crime (MovRio), que coordena o serviço, registrou um aumento de 15% no número de chamadas na semana de publicação da reportagem.

De acordo com os números divulgados pelo Disque-Denúncia, no dia 23 de agosto de 2005, foram registrados 402 telefonemas. No dia 24, eles subiram para 463, totalizando um aumento real de 15,6%. Em comparação com o mesmo período da semana anterior – foram 399 telefonemas –, esse percentual aumenta mais, chegando a 16,5%. Zeca Borges, coordenador do MovRio, comemorou.

— A ação dela atingiu em cheio as pessoas — disse o coordenador, acrescentando que a maioria das ligações fez menção à idosa.

### Notícia no Brasil e no mundo

Dezenas de jornais reproduziram a reportagem na América Latina, nos Estados Unidos e na Europa, além de ter sido veiculada em agências de notícias internacionais.

O *El Nuevo Herald*, principal jornal de língua espanhola da Flórida, nos Estados Unidos, saiu com o título "Desarticulada uma quadrilha de traficantes graças a vídeos de uma idosa".

Os maiores jornais latino-americanos também publicaram a história, dando crédito ao *Extra* pela publicação da reportagem exclusiva. *El Mercúrio*, do Chile, chamou Dona Vitória de "valente anciã". O *El Clarín*, da Argentina, destacou a prisão de traficantes e policiais causada pelas filmagens de Dona Vitória. "Os traficantes do Brasil vão pensar duas vezes antes de cruzar com uma idosa", diz a matéria. O *El Universal*, da Cidade do México, abriu espaço para a declaração do secretário de Segurança Pública, Marcelo Itagiba, classificando a atitude da aposentada de "uma vitória da sociedade".

O *El Tiempo*, da Colômbia, publicou a declaração de Dona Vitória durante a gravação de menores usando cocaína na Ladeira dos Tabajaras: "Veja o futuro do Brasil. Não é possível… Essas crianças cheirando pó, e ninguém faz nada".

A história da aposentada também ganhou espaço nos jornais *The Miami Herald*, *Washington Post* e *Chicago Tribune*, dos Estados Unidos, *The Independent*, da Inglaterra, *Westdeutsche Allgemeine*, da Alemanha, *Le Monde*, da França, e *The Australian*, da Austrália.

No Brasil, além de repercutir em diversos jornais e programas televisivos, a iniciativa de Dona Vitória levou mais de 3 mil pessoas a lotar o fórum do *Globo Online* com mensagens parabenizando a "vovó cineasta". Uma delas foi do desembargador Sergio Cavalieri Filho, presidente do Tribunal de Justiça do Rio de Janeiro: "Essa senhora é um exemplo de vida e de coragem para toda a sociedade. Mostra que não basta criticar".

## Ocupação da favela

A Polícia Militar só ocupou a favela dois dias depois da publicação da reportagem. Mesmo assim, a iniciativa só foi tomada depois que uma equipe de reportagem do jornal *O Globo* foi expulsa de lá por um grupo de traficantes.

Com a ocupação, a PM montou ali uma base de operações – até então inexistente – e um Posto de Policiamento Comunitário no topo da Ladeira dos Tabajaras.

Em justa homenagem à idosa, o PPC foi batizado de "Dona Vitória".

## Do PPC à UPP

O PPC Dona Vitória foi desativado em fevereiro de 2006 pelo Estado. A dona da casa onde funcionava o destacamento entrou com uma ação na Justiça pedindo a reintegração do imóvel. O processo levou meses, até que o juiz decidiu pela devolução do imóvel a ela. Na prática, a comunidade continuava sob o domínio do tráfico de drogas. A forma de policiamento não havia evoluído, obedecia ainda a um modelo de incursões com operações feitas pela Polícia Militar na Ladeira dos Tabajaras e no Morro dos Cabritos.

Já a Polícia Civil continuou com a investigação sobre a quadrilha que agia naquelas localidades. A investigação que contou com a ajuda de Dona Vitória teve desdobramento, e outros integrantes da quadrilha foram identificados. A investigação durou de agosto de 2006 a outubro de 2007. Vários suspeitos foram presos, julgados e condenados pelo juiz da 27ª Vara Criminal, Flávio Itabaiana Oliveira Nicolau.

O que parecia ser um território perdido, no entanto, entrou na lista de comunidades a serem resgatadas pelo Estado. O então governador do Rio de Janeiro, Sérgio Cabral Filho, preso anos mais tarde acusado de corrupção, anunciou no dia 20 de dezembro de 2009 a implantação de uma Unidade de Polícia Pacificadora (UPP) na Ladeira dos Tabajaras e no Morro dos Cabritos. As UPPs eram o principal programa de segurança pública do Rio de Janeiro, que consistia em ocupar as áreas dominadas pelo tráfico com policiais recém-formados pela Academia da Polícia Militar.

No dia 26 de dezembro daquele ano, oitenta policiais do Batalhão de Operações Especiais da PM (Bope) entraram nas duas comunidades sem encontrar resistência dos criminosos. Era o primeiro passo para a pacificação. A paz foi permanente durante pelo menos dois anos, até que os primeiros sinais de retorno do tráfico começaram a aparecer nas comunidades. Tabajaras e Cabritos, em Copacabana, reproduziam as falhas e problemas vistos em outras favelas escolhidas para ter UPPs. Atualmente, mesmo com um arremedo do que foi esse tipo de policiamento na região, é comum a ocorrência de tiroteios entre policiais e traficantes, que retomaram o controle do território.

### Recebida em Brasília

O secretário nacional de Direitos Humanos, Mário Mamede, quis agradecer a Dona Vitória pela iniciativa. Para que o encontro acontecesse, a aposentada foi levada sob um esquema especial de segurança até a Secretaria, em Brasília.

### A vitória na primeira instância e a derrota na segunda

Depois de vencer a batalha que travou sozinha contra traficantes da Ladeira dos Tabajaras, em Copacabana, Dona Vitória ganhou outra luta. A Justiça condenou o Estado a lhe pagar indenização por danos morais e materiais. A audiência de instrução e julgamento aconteceu no mesmo dia em que a idosa ingressou no Programa de Proteção à Testemunha.

Dona Vitória entrou com a ação de indenização contra o Estado em março de 2003, antes mesmo de começar a filmar bandidos armados. No dia da audiência, a Procuradoria-Geral do Estado só levou como testemunha o coronel Dario Cony dos Santos. Ele era comandante do 19º BPM (Copacabana), responsável pelo patrulhamento na Ladeira dos Tabajaras. Ele reafirmou o que já tinha registrado em um documento que consta no processo. Entre outras coisas, Cony chamou Dona Vitória de exagerada, leviana e irresponsável.

O juiz mostrou um entendimento diferente. Na audiência, mandou exibir a fita com as imagens feitas pela idosa, que constam como prova. O defensor do Estado quis alegar que não houve omissão no caso da aposentada. Mas o juiz decidiu:

Julgo procedente o pedido, para, nos termos da fundamentação supra, condenar o réu a pagar à autora indenização por dano material no valor a ser fixado em liquidação de sentença [...], a título de indenização por dano moral, atualizada monetariamente.

Pouco tempo depois a decisão da Justiça foi revista, com alegações sobre o envolvimento da própria vontade de Dona Vitória não justificar a necessidade de indenização do Estado. A desembargadora responsável concluiu a nova sentença:

"A despeito de serem certos os danos sofridos pela apelada, que, inequivocamente, é cidadã que deve ser tida na mais elevada conta (é "gente que faz"), inexiste dever de indenizar diante da não configuração da responsabilidade reparatória do Estado apelante."

# Carta para Dona Vitória da Paz

Escrevo esta carta desprezando as convenções formais, os padrões estabelecidos, os formatos que ditam regras, como o dia e o local de onde escrevo. Quero passar notícias de como as coisas andam, o que tem acontecido e as reflexões que fiz durante esse tempo que passou desde a última vez em que nos vimos.

Acho que algumas coisas que vou lhe contar vão servir para alegrá-la quando a tristeza se aproximar, ou mesmo naqueles momentos em que o desânimo se mostra avassalador. Parece meio repetitivo, mas seu trabalho não foi em vão. Já foram presas 32 pessoas e a Justiça já condenou 27, entre elas nove policiais militares. Cinco ainda respondem ao processo. Apenas dois continuam foragidos. Tinha até um advogado envolvido com os traficantes. Isso eu tenho certeza de que você não sabia. A senhora já pode comemorar a condenação desses bandidos, que durante tanto tempo lhe tiraram o sossego e a paz. Viu como sua iniciativa foi importante?

Sua coragem e determinação mereceram até uma homenagem especial na Câmara dos Vereadores do Rio. Dona Vitória foi ovacionada durante a comemoração da Semana do Idoso. Fiquei feliz em poder representá-la. A polícia continua no morro, e seu nome ficará eternizado no Posto de Policiamento Comunitário da Ladeira dos Tabajaras. Um barraco usado pelos traficantes foi destruído pela polícia.

Mais um ponto seu. A repressão para evitar que a boca de fumo volte a funcionar no local continua. Vez ou outra, recebemos notícias de mais um marginal preso, tentando implantar novamente o tráfico ali. Realmente é uma luta sem trégua, mas cabe às autoridades tornar aquela favela um lugar onde o Estado se faça presente. O ideal seria que isso acontecesse no Rio de Janeiro inteiro, mas é preciso começar por algum lugar. Como você já deu uma ajudinha tirando o grosso da sujeira, agora é a vez de eles fazerem a parte que lhes cabe.

Bem, com as notícias atualizadas, vou falar sobre a lição que tirei dessa história, de tê-la conhecido. Revivi nestas linhas algumas situações e emoções do período que passamos juntos. Quis lembrar de cada detalhe e entender determinados momentos. Por isso estou escrevendo esta carta aberta, para que outras pessoas possam ter a mesma oportunidade que tive. Isso ajuda a rever conceitos, a refletir sobre o sentido da vida, o rumo que tomamos em determinados momentos de nossa caminhada. Tenho certeza de que cada pessoa que conhecer sua história vai descobrir algo em comum com a sua lenda pessoal.

Vai ser difícil ordenar sentimentos, portanto vou falar o que sinto e ainda estou aprendendo. Além de compreender melhor o significado da palavra "coragem", descobri que nunca é tarde para recomeçar. Algumas pessoas podem teorizar sobre essa força para começar a vida do zero e dizer que somente pessoas especiais possuem essa característica. Digo que não. Penso que essa força está relacionada ao nosso costume de não nos envolver com o que está errado à nossa volta, mesmo que isso nos atinja. Fazemos uma equação utilizando os parâmetros dos "prós" e "contras", e com o resultado, quase sempre contrário, decidimos nos mobilizar ou não para modificar alguma coisa. Você não é assim e provou que é possível ser diferente. O "pró" parece ser arriscado, mas ele não nos escraviza a uma situação. No seu caso, o "pró" é igual a fazer a diferença, a não tolerar mais do mesmo. Já o "contra" seria continuar vivendo sem poder abrir a janela do lugar que escolheu para ser seu lar. Tem gente que consegue e nem se dá ao trabalho de procurar alternativas, ou mesmo comprar uma câmera.

O tempo todo, a vida testa nossa capacidade de resolver problemas, de lidar com situações que sempre ao primeiro momento nos parecem complicadas, sem solução. Depois de conhecer você, Dona Vitória, percebi que sua lenda pessoal foi escrita baseada nas lutas que enfrentou ao longo da vida. Não recuar diante das adversidades tornou-se sua maior característica. Não é à toa que seu santo de devoção é São Jorge, o santo guerreiro.

Aprendi a entender e respeitar ainda mais o tempo, que na nossa religião tem um significado especial. Ele me provou, mais uma vez, que nada acontece fora de hora. Foi assim nessa história que escrevemos juntos. Quando tivemos pressa ou quando nos deixamos conduzir pela lentidão. Contra a ansiedade, sua maior inimiga, ele foi implacável. E nem sempre o nosso tempo se encontrava. Acho que foi por isso que demos um tempo até nos reencontrar. No fim, chegamos à mesma conclusão: tudo aconteceu e levou o tempo necessário. O tempo nos amadureceu.

A senhora optou por não constituir uma família, ter marido, filhos, netos. Soube, pela equipe do Programa de Proteção à Testemunha, que me promoveu e me deu a honra de me chamar de neto. Fico orgulhoso. É nobre eleger pessoas que passam pelas nossas vidas e lhes conceder títulos que só existem na família. Você fez isso e ainda pediu que eu lhe desse um bisneto. Estou tentando, viu?

Poderia escrever um livro sobre tudo o que aprendi com você. Seu exemplo de coragem e dignidade, sua história de vida estão me fazendo ser uma pessoa diferente, acho que melhor. Você conseguiu me dar até uma aula de jornalismo investigativo, e – melhor – resgatei o que deveria ser o princípio básico do jornalismo: a valorização do ser humano. Não contamos histórias de personagens, mas de pessoas que sofrem, sentem dor, se emocionam, mas mesmo assim estão dispostas a abrir a intimidade de suas vidas para que seus relatos sirvam de lição para outras pessoas. Para que suas lendas pessoais façam a sociedade refletir sobre o que é importante, necessário ou até mesmo sobre o rumo a tomar.

Despeço-me, mas antes tomo a liberdade de rebatizá-la. Quando escolhemos um nome fictício, não foi só para preservá-la. Queríamos, e acho que conseguimos, um nome que traduzisse o que foi sua vida. Dona Vitória virou um símbolo de luta e perseverança, um exemplo a ser seguido. É por isso que você merece ter um nome e sobrenome que traduzam, juntos, o que você conseguiu com sua luta. Digo com orgulho, para todo mundo, que conheci Dona Vitória da Paz.

Fábio Gusmão

# LEIA TAMBÉM

**Ferreira Gullar**

## Nise da Silveira
### Uma psiquiatra rebelde

Nova edição revista e ampliada da história da mulher que revolucionou a psiquiatria no Brasil

PAIDÓS

# Jana Viscardi

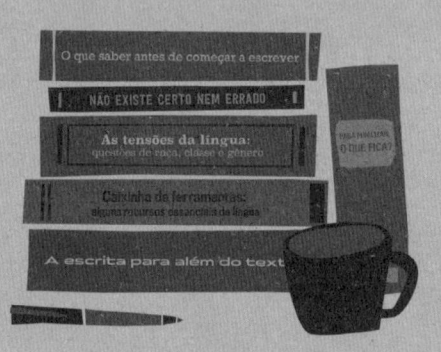

O que saber antes de começar a escrever

NÃO EXISTE CERTO NEM ERRADO

As tensões da língua:
questões de raça, classe e gênero

Caixinha de ferramentas:
alguns recursos essenciais da língua

A escrita para além do texto

# ESCREVER SEM MEDO

um guia para
todo tipo de texto

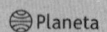

Planeta

# MARTINHO DA VIDA

# MARTINHO DA VILA

Planeta

**Acreditamos
nos livros**

Este livro foi composto em Adobe Garamond e Impact e
impresso pela Geográfica para a Editora Planeta do Brasil
em agosto de 2024.